A FACE OCULTA DA POLÍTICA

AUTOR

Agamenon Clemente de Morais

1ª Edição

2024

INDICE

DEDICATÓRIA

No início da primavera do ano de 1932, o sopro divino projetou a vida do mais belo e amado ser que os meus olhos já viram. Um ser fantástico que, com um encanto mágico em seu ventre me gerou e em seus braços me acolheu.

O seu olhar me transmitia à energia dos anjos. A sua voz era o balsamo enviado pelo Grande Arquiteto do Universo para nutrir meu espírito e através de palavras simples e sábias, me transmitia os ensinamentos necessários para que assim aprendesse a me conduzir pelos árduos caminhos do hostil mundo dos mortais.

Por caminhos tortuosos andei.

Dificuldades enfrentei,

De saudades muito chorei.

Foram tantas coisas pelas quais passei que não consigo enumerar.

Mas nada se pode comparar às lágrimas que por mim ela derramou, e com todas as forças do seu coração, com certeza me amou.

Mas, no dia 08 de outubro de 2010, às sete horas e trinta minutos da manhã daquele dia, a sua missão acabou. Nos braços dos anjos, para o seio do criador retornou.

Que o Pai eterno, fonte única da vida, e de tudo quanto é belo e das esferas da luz, cuide bem desta nova moradora.

Que agora é mais um
Entre tantos dos seus anjos.

À minha mãe,

Eurídice Rebouças de Morais

AO LEITOR

Para o indivíduo que pretende alcançar

Ou se manter no ápice do sucesso na política

São imprescindíveis:

Liberdade de expressão,

Livre iniciativa,

Visão e participação política,

Consciência religiosa,

Procedimentos práticos,

Conhecimentos ilimitados em relação aos fatos,

Sobretudo da sua realidade.

Portanto, para auxiliar na consolidação dessas ideias,

Nasceu este livro.

A FACE OCULTA DA POLÍTICA.

Nesta obra, o autor usando de uma linguagem simples e objetiva, expressa suas opiniões e revela detalhes sobre temas importantes e sempre presentes em nosso cotidiano.

Os cidadãos
São expulsos do campo político,
Que é cada vez mais dominado pelos
"expertos".

Edgar Morin.

Prefaciar uma face oculta é um duro exercício de reflexão!

Em ano de eleição essa obra cai como uma luva, ou melhor, como um colírio para a cegueira quase coletiva da cidadania brasileira.

Com a finalidade de formosear o que insiste em permanecer oculto, o autor mergulha no mar da política com o leme da militância e vai limpando os caminhos para quem quiser navegar, até de olhos vendados, se preciso for. Tarefa possível pelo uso de linguagem leve e fácil, uma fala que sai das entranhas do fazer política.

Um estilo típico de quem vive a democracia, uma expressão livre, corrente, tão despojada que beira as raias da rebeldia por não evitar a exposição das vísceras do badalado estado democrático de direito. Trata-se de um balanço conceitual pouco formal no jogo real do cotidiano social e político, intercalando sempre os espaços e os atores com clara determinação de revelar as faces envolvidas no inevitável caminhar político do *homo sapiens*. Feliz com a leveza utilizada para emoldurar a áspera face oculta, desejo a todos, boa leitura.

Com abraço
Lindberg Clemente de Morais

SINÓPSE

Em um mundo conturbado e repleto de nuances que confundem as mentes humanas, principalmente no que diz respeito às questões políticas, que conflitam com paradigmas, ideais e necessidades das pessoas, se faz necessário que uma análise minuciosa sobre os inúmeros temas que esta esfera proporciona, seja realizado de forma coerente e prática.

Portanto, para que pudéssemos fazer um estudo e dedicar a atenção necessária para essas questões, certamente teríamos que produzir uma série de exemplares com títulos específicos. O que nos propomos certamente, para o futuro. Mas no trabalho que apresentamos o objetivo é fazermos uma análise sucinta, e em alguns casos, apenas breves comentários sobre itens que estão inseridos no contexto do segmento político de uma forma mais incisiva e relevante.

É evidente que nos temas comentados neste exemplar, procuramos apresentar e interpretar o comportamento do povo em relação à política, e a força que a mesma exerce sobre as pessoas, assim como os procedimentos dos militantes do segmento e líderes de governo que, segundo a nossa ótica tem grande semelhança em qualquer lugar da terra. Mesmo que não haja concordância da nossa parte com as práticas políticas, de alguns, manifestamos o nosso respeito e atenção devida a todos os sistemas e pessoas em exercício de comando por todos os países. Pois sabemos que cada nação possui seus princípios filosóficos e políticos e também os direitos legais conquistados e por conquistar que devem ser respeitados.

Mas nos dias atuais em todas as esferas da sociedade, o que nos chama a atenção é a predominância da hipocrisia, e cinismo, sobretudo nas áreas de comando onde estão aqueles que fazem parte do jogo financeiro, e a síndrome de Pilatos da qual são acometidas as autoridades públicas, principalmente do judiciário, que fazem questão de não enxergar as ações mal-intencionadas de indivíduos que assumem as funções de líderes políticos e assim se aproveitam de forma abusiva, da ignorância popular para arrecadarem altas somas em dinheiro vivo e outros bens que o poder político pode oferecer, em benefício próprio. Elementos que, sem dúvida alguma, deveriam ser tratados nos distritos policiais, pois roubam recursos que são extraídos de pessoas que na maioria das vezes, não possuem sequer, para o sustento diário. São cidadãos simples que não conhecem seus direitos e para quem as autoridades, de forma cínica lavam as mãos, afirmando que vivemos em um País democrático e que tudo pode ser resolvido no próximo pleito. Mas nesse caso vale uma simples e inocente indagação. Para que servem as leis e qual o papel dos seus intérpretes e executores? Refiro-me aos homens das togas que são os juízes, promotores, desembargadores e demais autoridades.

O grande problema é que esta omissão permite que inúmeros crimes sejam cometidos contra os cidadãos em sua maioria desprezados do Estado. Porém, não podemos aplicar o jugo da culpa apenas para os governantes, mas para todos os órgãos que detêm o poder fiscalizador de atos contra a humanidade. Pois esses senhores ignoram os acontecimentos e passam a enfatizar apenas, a evolução nos campos da ciência e tecnologia. E até mesmo a imprensa mundial que deveria denunciar esses procedimentos escusos, ocupa-se apenas do que lhe interessa, comercialmente ou politicamente.

A verdade é que, segundo dados dos institutos de pesquisas, em nosso planeta existem aproximadamente, sete bilhões de pessoas com costumes, desejos, pensamentos, e sentimentos diferentes. Indivíduos que vivem de uma forma, determinada e incansável em busca de uma formula para suprirem suas necessidades básicas, e são exatamente esses itens estimuladores que constroem, transformam e até degeneram, não apenas a matéria, mas também o infinito universo interior de cada habitante desta terra.

Sabemos também que, deste número astronômico de viventes, apenas uma minúscula parte pertence ao grupo dos abastados e dominantes, e os demais servem apenas como peças de um jogo de manipulações pelas vias dos desejos, sentimentos e, principalmente as necessidades.

Os líderes de Partidos e facções políticas de um modo geral conhecem profundamente esses aspectos íntimos das pessoas e exploram de forma explícita suas dores, angústias e vaidades. Mas isto não é novidade, pois esses procedimentos se repetem cotidianamente em todos os lugares onde existam indivíduos dotados de um elevado grau de inteligência e que procuram aplicar suas táticas infalíveis para obterem seus lucros, quase sempre, acima da realidade social do seu povo, na execução da estratégia mascarada para a conquista do poder. Esses senhores transformam as necessidades do cidadão em suportes para verdadeiras lavagens cerebrais, para que assim possam conduzir seus seguidores com mais facilidade.

Por isso, diante desse quadro, como autor desta obra, entendemos que estes procedimentos são depreciativos aos seres humanos, e sendo assim, não podemos nos esquivar da vontade quase indomável de opinar. Então resolvi escrever estas páginas. Porém, sob os auspícios da lei que garante o direito da liberdade de expressão, procuro analisar e também emitir opinião, mesmo que em um número resumido de linhas, sobre os temas em questão e também porque essas atitudes massacram e roubam de forma sutil o patrimônio e o direito de liberdade de escolha de cada cidadão, que vive humilhado e subjugado, sob efeito quase hipnótico de uma lavagem cerebral em nome da tal democracia, que na maioria das vezes nem existe e serve apenas para disfarce de uma ditadura sutil e criminosa.

Neste exemplar, em cada capítulo, procuraremos abordar com uma linguagem simples e de fácil entendimento, os inúmeros itens que se referem ao que mencionamos nos parágrafos anteriores. Pois o mais importante é que no final o leitor também possa ter sua opinião, e fazendo uma reflexão com sabedoria possa fazer fluir uma ideia que promova a capacidade de levá-lo à libertação desses grilhões espúrios, que tanto envergonham a família e a política em nosso mundo.

É válido esclarecer que não pretendemos suscitar dúvidas quanto ao caráter dos militantes políticos e nem atingir a credibilidade dos governantes, mas apenas fazer um alerta, para que o poder não seja entregue em mãos erradas, porque indivíduos sem caráter, inconsequentes e insanos existem e estão espalhados por todos os continentes da terra.

E é este o motivo gerador da nossa linha de pensamento adotada para esta obra, e não se refere apenas ao nosso País de origem, o Brasil, mas, por entender que se faz necessário esclarecer que as páginas seguintes não significam apenas um manifesto em forma de livro, mas a necessidade ardente de expor sentimentos, desejos e visão legítima sobre os temas que consideramos mais complexos e discutíveis para a história da humanidade.

E reivindicando o que se refere o artigo 220 da nossa Constituição Federal, queremos através destas páginas trazer à luz, nossas ideias e a forma como analisamos os fatos e o relacionamento entre o povo, e a política. Aliás, são dois universos interdependentes que possuem um teor de pura magia dominante. Afinal, sem o povo não existiria política e sem a política o povo não conseguiria viver em sociedade organizada.

A política pode ser comparada a um corpo e o cidadão uma célula do mesmo. Sempre existirão dominantes e os adeptos dominados, mesmo que aceitem ou não.

Assim sempre foi, assim é, e assim sempre será.

Os indivíduos dotados de capacidade e vocação para o segmento político têm suas habilidades facilmente notadas, pois em seu cotidiano demonstram de forma natural, sinais de que possuem uma mente ativa e depositária de um bom nível de inteligência, o que certamente já lhe permite apresentar e desenvolver um perfil de liderança específico, e assim, os mestres do meio poderão observar o seu dinamismo entre os demais e desenvoltura ao lidar com as questões básicas do ambiente político.

Um jovem militante, por exemplo, deve ser observado de forma especial, pois ele poderá ser o grande líder do futuro. Essa verdade inconteste não pode ser desconsiderada, pois na medida em que o mesmo adquire maturidade, e o interesse pelo complexo social e político do seu povo, passa a ser a realidade do seu cotidiano, certamente irá desabrochar e sem dúvidas irá lutar para conquistar seu espaço.

Os dons ativos do discernimento estão guardados no íntimo de cada ser, e no momento certo explode para o domínio completo do segmento ao qual pertença. Isso acontece por um processo natural das mentes humanas possuídas por essas qualidades, cuja tendência é aumentar de tal forma, que será difícil inibir suas atitudes em busca da militância e conquistas nos diversos setores da vida. Assim sendo, também não devemos esquecer que a política possui a magia que tem o poder de transformar simples cidadãos em ícones, amados, odiados, mas também respeitados, e em alguns casos até idolatrados pelo seu povo. Por isso resolvemos colocar na pauta das prioridades, temas que são aparentemente simples, porém, ungidos com a força desta magia dominante e inexplicável, principalmente se for associada à força da juventude. E certamente não nos sentiríamos realizados se não pudéssemos manifestar de alguma maneira, tudo o que pensamos e como entendemos os caminhos da política e o poder que a mesma exerce sobre os homens. Para que o leitor possa começar a entender nosso ponto de vista deve aceitar o nosso convite e viajar através destas páginas, para que possa analisar conosco, parte dos segredos contidos nas esferas políticas e que são inseparáveis da vida em sociedade, pois não importa a raça, crença, classe social ou poder aquisitivo, todos fazem parte deste cenário.

Para que possamos entender a amplitude do tema em questão, vamos imaginar que as mentes humanas sejam um conjunto de universos, formados e dominados pelos sentimentos, desejos, ambições e necessidades de cada indivíduo. Itens portadores de uma força mágica e indomável, e que nos agentes principais em atuação no cenário do espetáculo político, são marcantes.

Portanto, cada cidadão deve estar devidamente preparado para coordenar dentro de si, o resultado dessa mistura incrível e poderosa. Mas nesse caso torna-se imprescindível à ação familiar que podemos considerar como a pedra fundamental e indiscutivelmente necessária para a construção de uma trajetória de sucesso de qualquer cidadão.

Qualquer ser humano tem em seus pais, verdadeiros ou adotivos, os seus primeiros orientadores que têm como prática comum e salutar, a dedicação exclusiva para lhe oferecer o melhor dos ensinamentos para que possa ser bem sucedido e tenha uma perfeita convivência em sociedade.

Na escola da vida, cada elemento tem a obrigação de estudar e praticar inúmeras disciplinas que são aplicadas em seu cotidiano, e assim possa estar devidamente preparado para enfrentar e vencer os obstáculos, que serão inevitáveis, com menos sacrifícios. E entre essas disciplinas, por mais incrível que possa parecer, a primeira a ser discutida é a religião, que serve para moldar a forma de pensar e o caráter do indivíduo, que assim burilado pode ser um exemplo a ser seguido e destacar-se entre os demais. Porém, nesse caso, é necessário registrar que também existem exceções.

Mas, a partir do momento em que o mesmo começa a frequentar as salas de aulas, descobre que além das práticas domésticas, existe algo que está presente na vida de todos os indivíduos e interfere de forma violenta, porém sutil, na sua educação, convívio familiar e em todos os setores da sociedade. A política. O que é mais importante é que ela estará sempre presente, influenciando de forma decisiva, seja em casa, na escola, no trabalho ou até mesmo enquanto esteja dormindo, e com certeza irá sentir a necessidade de uma participação ativa, ou apenas fazer um estudo minucioso sobre esta descoberta. Se o leitor dedicar alguns segundos do seu tempo para fazer uma análise sobre essas questões, verá também que a família, religião e política são três itens inseparáveis e indispensáveis para a formação do cidadão comum ou do militante político. Pois de uma forma envolvente, transmitem os ensinamentos corretos e apontam os errados para que os mesmos possam se conduzir e atuar em seu meio social, conscientes de seus limites e deveres, e acima de tudo, com o respeito incondicional às leis e aos demais semelhantes.

A importância desses ensinamentos passa a ser notada quando o mesmo começa a atingir a idade adulta, pois é nessa fase que as transformações acontecem, não apenas no aspecto físico, mas de um modo geral.

A partir daí ele não tem apenas a família para interferir em seus procedimentos, vontades, desejos e ambições. Pois a religião, os amigos e a política estarão sempre presentes, isso independente da esfera social a que esteja enquadrado e mesmo que, por sua livre iniciativa manifeste a falta dc interesse ou crença, por qualquer desses itens. Mas a necessidade de lutar pela própria subsistência, que é uma prática comum para qualquer ser humano lhe fará despertar para a cruel realidade da vida, e somente assim irá perceber que esses itens são extremamente importantes para o seu cotidiano.

Ser um cidadão comum ou um militante político é apenas uma questão de posição social. Mas diante da lei, e sob o domínio das vontades, desejos, ambições e das necessidades, nada mais somos do que marionetes da realidade.

As universidades
Dentro de suas limitações
Produzem os limitados técnicos
Mas é o útero que gera o gênio[1].

A mente humana é mesmo complexa e confusa por natureza e quando o cidadão atinge à idade em que a obrigação de ter que se definir por um paradigma de vida ou uma atitude que deve ser tomada de forma inadiável começa a entender também o quanto é importante o processo político em sua vida. É exatamente neste ponto que surge também, a mais perturbadora das interrogações que as pessoas fazem a si mesmos:

- Qual é a minha vocação profissional?

[1] O pensamento transcrito no início deste capítulo foi extraído do livro RETRATOS DE UM CÉREBRO, do autor desta obra.

Afinal, a escolha de uma profissão, ou de qualquer segmento social que decida integrar, mesmo que seja para atividades comuns, não é uma tarefa fácil. O que sabemos é que o período das grandes descobertas e também das decisões na vida de qualquer indivíduo é inevitável, isto, para que possa dar sentido aos seus objetivos profissionais ou pessoais.

A busca pela definição sobre o paradigma a ser adotado para sua subsistência e o que pretende ser como cidadão atuante em seu meio social e de trabalho podem provocar em sua mente, verdadeiras turbulências, transformando seu cérebro em área de conflitos intermináveis. Situações que exigem análises profundas e que apresentam questões não dirimíveis sem o auxílio de um segundo elemento que seja, evidentemente, ungido pelos dons dos conhecimentos elementares que lhe permita apontar para uma solução convincente.

Por isso diante dessas circunstâncias podemos afirmar que, a família e a religião, são duas fontes importantes que, além de auxiliar na moldagem do caráter, servem para nos mostrar os caminhos que devem ser seguidos em busca das respostas concretas para nossas indagações relativas às dúvidas vocacionais.

Mas como devemos agir para descobrirmos se temos potencial e vocação para aquilo que pretendemos por em prática, tanto na nossa vida profissional, quanto pessoal? Os temas em discussão, para muitos podem parecer simples e sem importância. Mas com certeza são as maiores barreiras para aqueles que possuem um mínimo de responsabilidade e que pretendem preparar suas metas profissionais e pessoais que lhes permitam conquistar o ápice com menos obstáculos e mais segurança. Somos conscientes de que se trata de temas com um conteúdo polêmico, muito elevado e abrangente, e que seria necessário um estudo com maior profundidade para que pudéssemos satisfazer a todos os anseios.

Certamente alguns segmentos sociais gostariam de ver estes temas tratados por especialistas que tivessem saído das salas universitárias, porém nos atrevemos a comentar sobre os mesmos por entender que se trata de algo que deve ser amplamente debatido e estudado de forma minuciosa por todos os setores da sociedade e que está ao alcance de qualquer cidadão, fazer suas análises e interpretações, pois é na convivência e na labuta que se produz o mestre. Mesmo porque essas dúvidas começam a fluir nas pessoas quando elas são ainda muito jovens e que, na maioria das vezes não têm as informações necessárias para uma solução plausível, e com o agravante de ter que resolver e aprender as coisas de forma solitária.

Para que possamos ter uma ideia do quanto é importante fazermos um estudo sobre essas questões e procurarmos encontrar as respostas corretas para as mesmas, é bastante observar a vida de elementos que dedicaram todo o tempo de suas vidas por objetivos que não foram atingidos e se mostram arrependidos da escolha profissional e das práticas pessoais no passado, coisas que aconteceram certamente porque faltou uma análise interior responsável, e um ouvido direcionado às vozes da experiência e da serenidade, sobre os temas aos quais nos referimos.

A verdade é que não podemos ignorar quaisquer tipos de abordagem sobre essas matérias, não importa o grau de complexidade ou penetração nas esferas da sociedade que o indivíduo possua. Pois, para tudo que precisamos empreender, com certeza, os conselhos religiosos de nossos pais e líderes espirituais, assim como a política, têm uma parcela de alto percentual positivo, principalmente, quando precisamos identificar o nosso potencial e vocação para qualquer que seja a situação.

Em qualquer setor da vida humana as conquistas e derrotas estão sempre presentes.

Algumas profissões exercem sobre os indivíduos um fascínio mágico e quase incontrolável, isto porque pode favorecer a conquista da fama, fortuna e poder. Entre essas está a política. Uma carreira desejada por muitos e ao alcance de poucos. Para não fugir da ideia principal desta obra, e para que o leitor encontre facilidade de compreensão ao estudar os artigos contidos nesta coletânea, vamos nos referir diretamente àqueles que pretendem ingressar neste segmento, e que precisam saber se realmente possui o potencial e a vocação para tal envolvimento. E para não produzirmos um emaranhado de ideias confusas na cabeça do leitor, vamos nos limitar apenas a associar nossos comentários aos temas a que se destinam estas páginas. Pois não poderíamos nos esquivar de fazermos ao menos um breve comentário mesmo que em poucas linhas.

A primeira coisa para a qual o aprendiz em política precisa estar atento é o assédio dos aproveitadores que querem lucrar com sua falta de experiência, pois são eles que, em períodos que antecedem as campanhas eleitorais, entram em ação e sem trégua, iniciam uma abordagem sem precedentes às pessoas que, segundo eles possuem as condições ideais para a disputa de uma eleição. São os casos de empresários antigos e bem-sucedidos, artistas que estejam em evidência, líderes religiosos e indivíduos que gozam de grande conceito na comunidade em que vivem. O mesmo acontece com os médicos, jornalistas, advogados e outros profissionais liberais que são incentivados a entrarem para o universo político, por influência de suas atividades pessoais. Mas é necessário que sejamos objetivos e práticos, pois não é uma atitude inteligente ir com muita sede à fonte, porque os requisitos acima podem ser interessantes e ajudar no processo, porém, não são garantias suficientes para a conquista de uma eleição. É necessário descobrir se os indicados possuem as qualidades principais para persuadir o eleitor, que são o potencial e a vocação de cada candidato, para o exercício das atividades políticas, qualidades que serão descobertas apenas com o andamento do processo preliminar de campanha. Pois a melhor formação e as demais qualidades que o mesmo necessitará para um bom desempenho em sua carreira política serão adquiridas apenas na militância partidária, onde irá conseguir um elevado índice de conhecimentos. Os livros e outros ensinamentos didáticos ajudam, mas em política não é necessária a graduação escolar para ser bem, sucedido. É preciso apenas nascer dotado dos dons da sabedoria, para que possa usufruir e penetrar profundo nos segredos e artimanhas deste segmento. A militância em política partidária é também uma escola com ensinamentos teóricos e práticos, da melhor qualidade, isto porque possui uma capacidade transformadora indescritível.

Após inúmeros dias de observações e trabalhos preliminares, o pré-candidato deverá estar pronto para a segunda fase da batalha, e que é também a mais difícil, porém, a mais contagiante.

A conquista do voto. Estando em contato direto com o povo começa a entender alguns segredos e mecanismos da vida pública. Essa fase também servirá para dissipar as dúvidas quanto ao seu potencial e vocação para a política. Movido por essa magia de poder inexplicável, deve procurar difundir suas ideias e projetos com toda clareza para que tudo pareça estar devidamente fundamentado nos princípios e necessidades da sociedade de modo geral.

Quando o mesmo consegue eleição, ou passa a ocupar algum cargo nas esferas do governo ou Partido político ao qual pertença, a partir desse momento, passará a participar das operações administrativas e a partir daí começará a observar as coisas com a racionalidade que ocupará obrigatoriamente o lugar da emoção, e assim, estará apto a entender que o idealismo, práticas e promessas de campanha são apenas detalhes ou artimanhas utilizadas para o encantamento do eleitor que, independente do grau de formação escolar ou nível financeiro, se deixa envolver e participa de qualquer maneira, mesmo que não queira, ou não saiba.

Para melhor preparar a sua trajetória o neófito em política deve ser consciente de que o rico vota para viabilizar projetos particulares. A classe média por obrigação e o pobre por influência das promessas, posição social, poder aquisitivo ou aparência física do candidato. As questões vocacionais e preparação para o exercício do mandato passam muito distantes do poder de observação e análise do eleitorado, que na maioria das vezes, não sabem sequer, a origem do indivíduo em quem votam.

E quando nos referimos ao potencial de alguém, significa dizer que este indivíduo é detentor de conhecimentos em diversas esferas da sua área de atuação. Possui também elevado poder de decisão e está sempre pronto para enfrentar e encontrar soluções para qualquer situação concernente ao que se propõe. É a vocação é a propensão natural, a predestinação.

O mundo político é mesmo fascinante. É o poder transformador que, com a mesma força que constrói, também pode destruir. Manipula as economias da união e de cada cidadão, mesmo que ele não queira, ou por ignorância não saiba. Portanto, como podemos observar, a política é um segmento que provoca ambições, desejos e até delírios motivados por esse impressionante poder que exerce sobre tudo e todos os povos.

Assim sendo, qualquer pessoa que pretenda enveredar por esses caminhos deve acreditar em seus propósitos e conhecer profundamente a força e a face oculta da política. Pois a sua trajetória neste segmento, com certeza poderá lhe proporcionar o glamour que a conquista do poder oferece, assim como as surpresas agradáveis que são bastante interessantes. Porém, também viverá profundos dissabores, o que acontece em quaisquer setores da vida, mas, em política, tudo tem um tempero diferente e especial.

O motivo e a fonte desta magia vêm do seio do próprio povo, onde certamente o militante de tudo encontrará. Desde a simplicidade de alguns indivíduos, honestidade e corrupção de outros, e com certeza também terá que aturar o jogo das mentiras e verdades, pois a hipocrisia transpira por todos os poros. É evidente que uma série de coisas maravilhosas e às vezes absurdas encontrará e com as quais terá de conviver e aprender a administrar politicamente.

São fatos e procedimentos que acontecem em qualquer lugar do planeta. Mas, um dos itens mais debatidos nos meios políticos é a corrupção, e isso não é privilégio dos militantes atuais, pois desde o início da história da humanidade sofremos e vivemos sob o desconforto dos escândalos e efeitos nefastos das ações corruptas, não apenas de governantes, mas de membros de vários segmentos da sociedade. Pode parecer uma acusação leviana, mas as observações e experiências vividas pelo autor desta obra são reveladoras. Pois além de detectar onde está a célula mãe dessa chaga terrível e quase incurável que prolifera entre as nações, retrata de forma clara, o perfil de relacionamentos entre o povo e a classe política.

E se analisarmos o comportamento do cidadão comum e das autoridades, principalmente dos meios políticos, facilmente iremos detectar onde nasce esse câncer chamado corrupção.

Entre os inúmeros fatores que contribuem para a proliferação deste mal universal, estão à falta de recursos materiais e a fragilidade educacional que impera na maior parte da sociedade, assim como as atitudes arrogantes dos indivíduos que detêm o poder do judiciário, o descaso dos legisladores e executivos políticos, se destacam como fontes que produzem os nutrientes para esta chaga existente em toda parte do planeta terra. Mas no Brasil a situação é muito mais grave do que possamos imaginar. A coisa parece ser uma maldita herança genética, e a cada dia que passa fica mais explícita e abusivamente atuante, pois as carências humanas passam a ser exploradas como fontes inesgotáveis que contribuem para o surgimento, ou manutenção de governantes relapsos e corruptos.

Um procedimento que pode ser considerado normal e que acontece em qualquer uma das classes sociais em que as pessoas estejam a falar ou exercer funções políticas é a ação corrupta. Isso acontece porque os indivíduos que deveriam tomar atitudes punitivas entram em cena para proteger os infratores. E o povo que também deveria reagir e cobrar que o rigor da lei fosse aplicado faz apenas pífios comentários que mais parecem contendas estudantis do que mesmo, debates expressivos sobre questões referentes a campanhas ou à administração pública. São indivíduos desprovidos de conhecimentos e que não possuem o mínimo interesse por um segmento de tão grande importância para todos os cidadãos que, mesmo não querendo admitir sofrem diretamente os efeitos nefastos dos pérfidos atos de corrupção.

Uma das frases que já estamos acostumados a ouvir é... Em nosso País a corrida pelo poder não tem freio. Mas isso não representa a verdade, pois se existe algo que não foge ao controle dos poderosos é essa tal corrida pelo poder. Seus manipuladores estão nos gabinetes, e são eles que decidem sobre as normas e práticas a serem aplicadas. É evidentemente que isso se dará da melhor forma, para que assim possam ser beneficiados.

No cenário político, os candidatos a cargos eletivos põem em prática todos os artifícios para demonstrarem que são os salvadores da pátria e legítimos defensores dos mais fracos. Aqueles que são dotados de uma perfeita eloquência, item fundamental para um grande militante e postulante a cargos eletivos, abusam da demagogia, método que apesar de ultrapassado ainda convence um grande número de eleitores. Isso acontece de uma forma desrespeitosa e cínica. Pois prometem e se comprometem com tudo que certamente, não irão cumprir. Seja por falta de vontade, ou porque a lei não permite. Para estes, em política, o feio é perder. Portanto, no entendimento desses indivíduos, para a conquista do voto, vale tudo. Principalmente as práticas corruptas.

Mas por que será que isso acontece sempre e está a cada dia tomando proporções, que chegam a ser incontroláveis? Onde será que está implantada a célula reprodutora deste mal que envergonha a nossa sociedade e parece não ter cura? Essas e outras indagações permeiam nossas mentes de forma perturbadora. O que mais deprime as pessoas de bons costumes é que, todos os indivíduos que são militantes deste segmento, sabem disso, tiram proveitos e não demonstram o menor interesse em mudar o curso dessa história.

Apesar de o Brasil ser um País gigante por natureza e possuir uma diversidade cultural impressionante, as conversas sobre temas políticos são sempre iguais e sem nenhum conteúdo expressivamente positivo. Em épocas de campanhas eleitorais, todos os indivíduos sentem-se devidamente preparados para analisarem e fazerem a escolha daqueles que serão os futuros mandatários e administradores das finanças e patrimônio público. Mas, na prática, o que podemos observar é o retrato da contradição e a terrível realidade Nacional, provocada pelo analfabetismo político do nosso povo, que ainda predomina. Isso em todas as esferas da sociedade e é este o motivo que nos leva a construir governos que adotam práticas infames, pois elegemos com enorme facilidade, os incompetentes e mal-intencionados.

A ignorância associada aos costumes não recomendáveis de grande parte do eleitorado produz o político delinquente e corrupto. Mesmo que alguns segmentos sociais promovam debates sobre o tema, a acusação é direcionada apenas ao personagem político, como sendo o único responsável pelas ocorrências nefastas nas esferas do poder. E podemos afirmar com todas as letras, que essa história não está devidamente explicada, pois se isso acontece é porque o eleitor permite, e também não procede corretamente, tanto na escolha do candidato, quanto no momento de cobrar do mesmo. Mas por que será que os governantes aceitam serem apontados como legítimos culpados e não demonstram o menor interesse em debater sobre o tema de uma forma ampla e com todos os segmentos da sociedade? A resposta é simples: são espertos e malandros o suficiente para entenderem que não é uma atitude inteligente baterem de frente com os seus principais mantenedores, e não existe por parte dos mesmos o mínimo interesse em fazer algo para alterar este quadro, e nem tampouco debater sobre a índole daqueles que são os verdadeiros responsáveis pela sua existência. O povo. Mas a questão é que o político sem escrúpulos não se sente ofendido com absolutamente nada que seja proferido contra sua pessoa, porque a peça mais importante deste jogo é o seu eleitor, que apenas reclama e nada faz de concreto contra seus procedimentos. Portanto, com o que mais deve se preocupar a não ser com seus lucros, lícitos ou ilícitos?

Mas durante todo um processo eleitoral, um candidato também encontra sérias dificuldades, principalmente se não houver recursos suficientes, ao menos para suas despesas básicas. Mas isso é apenas um minúsculo detalhe diante das decepções que terá de enfrentar no campo político. E entre tantos episódios marcantes, os mais agressivos são as atitudes espúrias de eleitores que deverão assediá-lo para negociar o voto, além de outros indivíduos que irão se apresentar como líderes comunitários e que também farão suas exigências, desde coisas simples a altas quantias em dinheiro vivo, em troca do apoio incondicional em seu núcleo de atuação, e com os requintes da ousadia em afirmar que em seu curral eleitoral, as pessoas votarão apenas em candidatos que sejam indicados por eles.

Essas atitudes indecentes acontecem de forma cínica e arrogante, como se a lei não existisse. E o que é ainda mais grave é que o povo, de maneira debochada aceita a condição de verdadeiros animais em currais, expostos à venda. E para complicar ainda mais este cenário nefasto, surgem indivíduos considerados importantes do meio, afirmando que este comportamento é normal e que é assim que se faz política. Mas esses procedimentos ridículos servem para que possamos entender e comprovar, a origem do excremento que é produzido no mundo político, e que provoca uma mancha, não apenas na classe política, mas em todos os segmentos sociais de uma maneira geral.

CAMUFLAGEM POLÍTICA

Esta obra não é um desabafo, e não tem o objetivo de narrar episódios depreciativos ao mundo da política, e nem tampouco difamar a categoria. São apenas pequenos detalhes que mencionamos para que possamos abordar esse tema de forma a torná-lo melhor compreensível.

No Brasil, o que não podemos esconder é que, tudo o que está escrito neste exemplar são fatos, e se tornaram práticas comuns nas campanhas eleitorais e na vida pública e privada de muitos indivíduos. Entre verdades e mentiras em relação à classe política, fica comprovado mais uma vez, que o povo é o culpado em primeiro grau, pela corrupção e falta de credibilidade na política Nacional. Afinal, nos moldes atuais, um candidato torna-se um investidor e quem investe dinheiro em algo, com certeza espera seus lucros. É obvio que, assim como em qualquer setor da vida, se um candidato aplica recursos financeiros para satisfazer necessidades ou caprichos de eleitores, certamente que além de esperar o retorno nas urnas, também irá fazer suas peripécias para obter seus lucros, acima da quantia aplicada em campanha. É algo que parece um grande absurdo, mas é real.

Sabemos que em todas as campanhas eleitorais, em nome da democracia, as vagas para candidatos são livres para qualquer cidadão, seja ele rico ou pobre. Mas o problema é que todos já sabem como começa e qual é o final dessa história. Apenas um motivo pode fazer um candidato não investir dinheiro em uma campanha. É a ausência total de recursos do mesmo. Nesse caso fica mais difícil para que o mesmo seja acusado de abuso de poder econômico, porém suas chances ficam bem reduzidas. Mas mesmo assim, deve agir com extremo cuidado para não praticar outros deslizes que sejam considerados, crimes eleitorais, ou seja, não ultrapassar os limites das normas e leis vigentes. Pois em política, todos são venais, sejam eleitos ou lideranças partidárias. E no que diz respeito ao povo, aquele que também não é comprado é alienado. Estamos em pleno ano de 2016 e no Brasil, o voto consciente ainda é utopia.

Os relatos e análises que constam nestas páginas representam uma minúscula célula deste complexo mundo do poder político, porém, são suficientes para entendermos os atos abomináveis que ocorrem com frequência nas esferas dos poderes constituídos. Por isso queremos afirmar que as palavras aqui redigidas podem até serem consideradas por algumas pessoas, agressivas ou tolas, ou acusarem que as afirmações sejam levianas, mas a verdade é que o delinquente político é produto de uma sociedade despreparada, que quando não procede de forma conivente é mal intencionada. E até mesmo aqueles que se intitulam apolíticos, e que não se envolvem com o segmento, ou até mesmo aqueles que se consideram esclarecidos, são os legítimos eleitores dos piores candidatos.

Portanto, diante desses fatos é necessário estarmos sempre atentos aos procedimentos daqueles que militam nesses meios, e para que possamos ter uma ideia da complexidade política no Brasil e no mundo é suficiente observarmos as metodologias aplicadas pelos governos de cada Nação, não importam os sistemas dominantes.

Se fizermos uma análise global do modo de agir das pessoas, veremos que todos possuem características de comportamentos e atitudes semelhantes, o que difere são os requintes aplicados e provocados por aqueles que detêm o poder econômico, ou a estupidez estimulada pela falta desses recursos da maioria. Mas, quando o tema em questão é a política, parece que todos os povos passam a falar a mesma língua. E de um modo geral, as práticas são idênticas, não importa se a nação é mais ou menos evoluída, a politização desejada ainda está muito distante de ser atingida. O normal seria que todos os cidadãos exigissem de seus governantes, que na pior das hipóteses, pelo menos os itens assistenciais e de serviços fundamentais para uma sobrevivência digna, lhes fossem oferecidos, ou seja, a saúde, educação, trabalho, moradia, segurança e entretenimento. Mas, apenas 3% do eleitorado pensam dessa forma e os demais votam por obrigação, alienação ou por interesse.

Nos períodos das campanhas eleitorais, os itens assistenciais e serviços essenciais fazem parte dos discursos e programas de todos os candidatos. Mas quando se elegem tudo se transforma, pois os interesses e lucros pessoais são colocados na pauta das prioridades, e o povo, que depositou neles toda a confiança é retirado de cena e passa a ser tratado com total indiferença. É evidente que diante desses comportamentos e práticas abusivas, a reação popular é inevitável e os protestos começam a ser frequentes e em alguns lugares até violentos. Nesse caso vale a pena fazer um registro. O povo que participa ativamente dos protestos, é induzido pelos mesmos mecanismos que os levaram a votar, ou seja, estão novamente fazendo o jogo de interesse de alguém, e envolvidos pelo analfabetismo político e ignorância, não percebem que foram transformados em massa de manobra, e que mais uma vez, fazem parte de um jogo que está muito distante do seu conhecimento e domínio.

A situação constrangedora provocada pelas manifestações populares contra um líder político pode produzir sérias complicações para a governabilidade, porque esses eventos podem ser comparados, a sementes lançadas no fértil terreno da imprensa que, se não for beneficiado com algum incentivo do governo, abre espaços para esses eventos que podem provocar crises políticas sem precedentes, tanto no legislativo, quanto no executivo.

A revolta das massas produz momentos delicados que exigem cautela e astúcia política para que tudo volte à normalidade. Acontecimentos que exigem a intervenção de um mestre nas ciências políticas e que seja hábil com as palavras, para que assim possa apresentar um mecanismo que aponte para a solução imediata para as questões perturbadoras, encontrando assim, uma estratégia para inverter a situação de forma que tudo pareça devidamente esclarecido, mesmo que isso não verdadeiro e na fórmula aplicada não haja licitude. Pois considerando que em política todas as iniciativas podem ser válidas, não podemos condenar quaisquer medidas que venham a ser aplicadas no sentido de aplacar as crises em governos, isso porque o povo, principal interessado na questão, esquece os acontecimentos rapidamente e consegue de forma equivocada, transformar os maiores canalhas em verdadeiros Estadistas.

Entre tantos métodos aplicados pelos governantes, para não serem acusados diretamente de problemas em sua administração, o mais comum é a apresentação de dados estatísticos ou matérias veiculadas na imprensa concernentes aos fatos e que comprovem a culpa de executivos anteriores e de oposição, mesmo que não sejam afirmações verdadeiras.

Mas se a política lhe concede o direito da defesa com esses tipos de argumentos, outro artifício que também pode ser usado, são as pesquisas devidamente encomendadas e preparadas para mostrar números fantasiosos referentes a projetos, investimentos e crescimento inexistentes e que sirvam de forma categórica, para ludibriar os menos esclarecidos e que formam o maior grupo de pessoas em todo o mundo, mesmo que as informações não sejam legítimas. É evidente que este procedimento é próprio de líderes que não possuem recursos administrativos e muito menos políticos, para a função que exercem, ou são dotados de uma índole duvidosa.

No entanto, como se trata de uma iniciativa que tem por objetivo acalmar os ânimos de uma população revoltada, portanto, uma camuflagem política, podemos dizer que é uma atitude aceitável, pois o analfabetismo político da sociedade favorece e deve ser explorado. Afinal, como afirma um velho ditado popular que diz: Cada povo tem o governo que merece! Que assim seja.

Portanto, de acordo com as opiniões e relatos transcritos nos parágrafos anteriores podemos observar que são inúmeras as fórmulas aplicadas para uma perfeita camuflagem política. Além daqueles que mencionamos, outro que apesar de antigo, ainda funciona, e está sendo um dos mais utilizados nos dias atuais é, sem dúvida, a pesquisa de opinião pública, ou de dados estatísticos que não representam a verdade e que são encomendados com informações previamente combinadas. Uma maquiagem nas notícias que devem ser fornecidas aos meios de comunicação, e que certamente, não farão isso de forma gratuita. Um item que também tem a sua relevância é o envio de projetos de leis polêmicas para o legislativo, sem o menor interesse em aprová-las, e que seu objetivo seja apenas o de desviar as atenções dos revoltosos e da opinião pública que na maioria das vezes se deixa envolver facilmente.

Em último caso, quando essas táticas não funcionam, resta uma saída ridícula e espúria, mas que ainda oferece grandes resultados. É a procura por um tal de bode expiatório. A frase pode ser pobre, mas é real e trata daquele indivíduo que paga o preço pelos erros dos outros.

Mas, em política nada pode ser ignorado, seria uma imprudência proceder dessa forma, pois se trata de algo verdadeiro e que representa apenas uma minúscula célula do complexo universo da política, riquíssimo em segredos e fórmulas. Em suas esferas existem espaços para todos os níveis de militantes e eleitores.

Assim como na vida do cidadão comum,
Os indivíduos militantes da política
Sofrem a metamorfose de ideias e ideais.
Em muitos casos, a irracionalidade,
Assume o lugar da razão.
É neste momento,
Que contemplamos suas verdadeiras faces.

O que mais impressiona nos políticos e no povo de um modo geral é que os detalhes e procedimentos não aconselháveis não são recentes e mesmo assim, o modus operandi, continua sem alteração. Os nobres senhores do legislativo e também do executivo, nada fazem para influenciar de forma positiva no panorama porque para eles, é interessante a continuidade das coisas que lhes favorecem. O povo não reage porque lhes faltam a politização e a independência de opinião, e enquanto isso os dias passam e a rotina das acusações e cobranças continua. Porém, o mais incrível é que todos têm o direito de se impor como corretos, pois estão garantidos nos artigos da carta magna. É como já mencionamos, em política encontramos de tudo, mas também existe uma grande quantidade de pessoas boas e de proceder correto que não concordam com a política prostituta e lutam pela moralização das esferas do poder, e desde a antiguidade que não medem esforços nas batalhas pelos direitos de livre expressão e opinião, para que assim possam influenciar de forma direta nas decisões dos governantes que, na maioria das vezes são ardilosos ou incompetentes. Indivíduos que têm apenas um objetivo, o enriquecimento sem muito custo.

Ignorando os direitos do seu povo, maus políticos e juízes nomeados por eles, provocam prejuízos ao bolso e à moral daqueles que são as verdadeiras bases e colunas de uma nação, os cidadãos simples que produzem e movimentam a economia do País. O certo seria que o povo fosse visto sempre em primeiro plano, mas infelizmente isso não acontece. Pois essas "autoridades" estão por demais ocupadas no que lhes é legítimo, ou seja, administrar o ilícito.

Mas para que seus direitos venham para a pauta das prioridades, as lutas populares recomeçam e de forma incessante. Seus objetivos ganham novo impulso quando, atraídos pelos reclames populares surgem novos elementos ou facções políticas que se apresentam como interlocutores legítimos de uma categoria, e da sociedade de um modo geral.

Neste momento, recomeça o espetáculo mais antigo da terra, apresentando novos artistas, ou seja, novos políticos, novas palavras e as mesmas promessas que jamais serão cumpridas.

No Brasil esse procedimento chega a ser corriqueiro, pois a cada pleito a história se repete, e apesar disso, o eleitorado aceita o engodo verbal que lhes é oferecido, às vezes com requintes de baixíssimo nível. Pois em nosso País os candidatos a cargos políticos falam mais da vida alheia do que mesmo de seus projetos. Mas é necessário que aqui, se abra o espaço para relembrar, que isso acontece porque o povo, independente do grau de instrução ou poder aquisitivo, não têm o cuidado de esmerilar as informações e procedimentos dos postulantes. Quando as eleições acontecem, os cidadãos havidos por mudanças políticas que possam alterar para melhor todo o sistema administrativo e assim poderem vislumbrar um futuro com justiça social e democracia plena, votam e correspondem às expectativas, daqueles que se apresentaram como supostos aliados, na luta pela conquista de um direito esperado há séculos.

Para o povo brasileiro, pelo atual sistema político, o voto é obrigatório, esse tal direito democrático e que deveria ser chamado de absurda obrigação democrática, pois é inadmissível que em um sistema em que a liberdade é a principal reivindicação, ainda exista algo com execução obrigatória.

Mas, após os resultados das urnas os novos líderes são declarados eleitos e empossados para administrarem as finanças e o patrimônio público. Um novo governo que assume e um povo que assiste a todas as solenidades com as esperanças renovadas, olhares que não conseguem esconder a expectativa e a ansiedade de corações desejosos por dias melhores. O povo que é o patrão espera que seus novos funcionários sejam dedicados e leais no exercício de suas funções. Mas, infelizmente isso não acontece, e não demora muito para que as esperanças sejam aniquiladas, e a decepção possa assumir o lugar da esperança. Pois os dias passam e os novos líderes começam a mostrar suas verdadeiras faces, procedendo de forma totalmente inversa aos compromissos assumidos publicamente nos palanques de campanha. Se não bastasse a falta de compromisso com o povo, as dívidas internas e altas taxas de juros, pressões da política econômica externa, e a cruel realidade Nacional demonstram que o governo, nada mais é, do que um simplório administrador de dívidas e de interesses da minoria dominante. A falta de ética, de preparação política e de conhecimentos administrativos lhe confunde e afasta-o do que é exequível. É dessa forma que o filme se repete, ou seja, explode no âmago da sociedade, a certeza de que as promessas e euforia da campanha eram apenas ondas utópicas, preparadas como verdadeiras teias de aranha para envolvê-los e dominá-los completamente.

Diante desse quadro, o filme se repete e o povo que passa a se sentir traído e enfrentando o peso de elevadas taxas de impostos, desemprego, insegurança e outros itens que fazem sucumbir o sonho de uma vida melhor, reage promovendo manifestações contra o governo que ajudou a construir. É o caos que começa a provocar turbulências em todas as esferas da sociedade. Para adicionar um fator complicador, mais uma vez, entra em cena a máquina que tem o poder de ajudar a construir governos e que também pode aniquilar governantes incompetentes. Estamos nos referindo à IMPRENSA, que pode se tornar também no mais importante aliado popular, desde que não troque suas palavras verdadeiras, e o sentido real de suas funções, pelos cheques recheados com as cifras da corrupção. Veículos de comunicação que, com maestria e sutileza, divulgam os acontecimentos contrários ao governo, e fazendo críticas veementes que abalam as estruturas do poder constituído, certamente passa a ser o olho, a boca e o ouvido das massas oprimidas e revoltadas. Portanto, qualquer governante por mais pífio que seja, saberá que não é prudente subestimar esse gigantismo. Isto porque a aliança entre, povo e imprensa produz a química letal contra governantes relapsos e corruptos.

Mas apesar de toda essa turbulência, se o líder em questão for astuto o suficiente para fazer os conchavos necessários que lhes favoreça com uma sustentação política, poderá chegar ao fim de um mandato e quem sabe até, se reorganizar para uma possível reeleição, se assim a lei o permitir, e se o mesmo possuir o óleo lubrificante para polir a madeira que lhe envolve o rosto.

O exemplo que mencionamos acima sintetiza o comportamento de todo quadro político mundial, em relação ao povo que é usado de forma indiscriminada por elementos desprovidos de caráter, que após conquistarem seus objetivos mostram suas verdadeiras faces, subjugando-os de maneira espúria e covarde.

Em épocas de campanhas eleitorais os candidatos prometem e se comprometem de forma irresponsável, com tudo que sabem que um governo não pode fazer. Para eles o importante é chegar ao poder, e quando conseguem nada fazem para mudar a realidade cruel e quase irresistível da coletividade.

Mas tudo isso é apenas o começo de uma nova história, pois outros grupos começam a ser organizados e aparecem para a opinião pública como os senhores da verdade e seus principais defensores, e com os mesmos procedimentos para dar continuidade à ciranda do poder. A tática é a mesma, mas isso não importa. O povo mais uma vez não percebe a trama, pois está hipnotizado pela eloquência das novas estrelas do cenário político daquele momento. Permanecerá assim até que os mesmos comecem a mostrar suas verdadeiras faces.

O que o povo precisa saber é que em política não existe o paradigma do certo e do errado. O importante é conquistar o ápice. Esta frase pode conter uma dose de ironia, mas traduz a verdadeira ideia que permeia os cérebros dos artistas que fazem parte do espetáculo político, e aqueles que duvidarem precisam fazer apenas uma simples observação e analisar os acontecimentos do meio, e certamente comprovará essa verdade.

As afirmações e comentários que escrevemos neste exemplar, não são críticas nem incentivos, mas algumas advertências, para toda a classe de políticos responsáveis por comandar um sistema em que o povo é considerado apenas, como um simples detalhe. A maior de todas as verdades sobre este segmento é que, assim como não existe o paradigma do certo e do errado, a essência política está fundamentada na astúcia da mentira e na pureza da verdade.

A política é a ciência perfeita que pode levar os seus militantes ao céu e ao inferno pelos mesmos caminhos e velocidade. Portanto o governante que usar a inteligência saberá que para conquistar seus objetivos é preciso entender que a mais pura verdade, tem a mesma importância que a mais absurda mentira.

Em política,

A mentira e a verdade funcionam

Como temas científicos,

Pois, para a disputa de um pleito

As duas possuem a mesma importância.

Depende do método a ser aplicado e da oratória

do candidato. Mas devemos lembrar que,

isso acontece porque, um povo não politizado

É apenas um detalhe manipulável.

O pensamento acima retrata uma das maiores verdades do mundo político. Porém, de acordo com os princípios da moralidade, que todos deveriam seguir, um político que pretenda conquistar o respeito do seu povo deve manter sua conduta inquestionável, e para isso é necessário apenas, que procure estar sempre envolvido pela armadura da verdade, e procurar transmitir isso através das suas palavras e atitudes.

Um militante competente e correto em suas práticas políticas é consciente de que neste universo em que, nem tudo que reluz é ouro, e nem tudo que balança cai, qualquer elemento que não possua uma índole esmerilada nos princípios básicos do bom caráter, pode se tornar um indivíduo de comportamento dúbio, porque a magia envolvente do meio político produz a sede do poder e consequentemente desperta e provoca o desejo incontido apenas por cargos e fortunas, esquecendo-se dos compromissos assumidos com o seu povo em períodos de campanha. Para tanto, passa a utilizar métodos não aconselháveis e suas atitudes podem oscilar entre a verdade e a mentira, dependendo do que precisa negociar.

Observando as questões em debate nas atividades políticas, não há dúvidas de que a mentira e a verdade são temas polêmicos e merecem destaque, pois em qualquer lugar do planeta tem o mesmo significado e importância. A parte romântica dessa história acontece quando os seres humanos nascem e começam a demonstrar os primeiros sinais de que estão despertando para o aprendizado, e começando a pronunciar as primeiras palavras, nesse período são orientadas pelos seus genitores de que não devem mentir nunca, e que somente a verdade deverá estar sempre em primeiro lugar.

Esta é sem dúvidas a mais bela diretriz e que deveria ser levada a sério por toda a vida. Mas, para falar a verdade, isso não pode ser aplicado como regra definitiva, pois um fator natural e silencioso, surge de forma inevitável, ou seja, as pessoas crescem e começam a descobrir um mundo novo, e com um cotidiano versátil que lhe transmite ensinamentos diversificados que produzem novas ideias e ideais. Acontecimentos naturais que evoluem entre as pessoas fazendo com que uma profunda transformação na vida e no caráter de todos os indivíduos aconteça, e de uma forma contundente, e assim, totalmente fora dos domínios paternos ou de qualquer que seja o segmento social.

É exatamente nesse período evolutivo da vida que as questões íntimas e profissionais ocupam um espaço importante no cotidiano de todos. De um momento para outro, quando surge um fato em que a verdade não pode aparecer é evidente que a mentira entra em cena e assume o lugar como se fosse uma única alternativa salvadora.

Se fôssemos analisar esse tema apenas pelo aspecto moral, diríamos que as lições de nossos pais deveriam estar sempre em primeiro plano. Mas agindo dessa forma não estaríamos sendo sensatos. Mesmo porque, partindo do ponto de vista analítico da questão, temos que aceitar a mentira, pois faz parte da natureza humana. Mentiras leves ou graves, pelo menos uma vez na vida, todos nós já cometemos esse delito. Aquele que negar tal feito, com certeza já estará mentindo.

Mas do ponto de vista político podemos afirmar que a verdade possui o mesmo grau de importância em relação à mentira, e o militante que possua o dom da palavra fácil, certamente saberá utilizar desses artifícios com extrema perfeição, e que não será possível ao simples cidadão, distinguir o que seja a verdade ou a mentira. Considerando que a política é uma arte devemos apenas aplaudir o artista.

As pessoas, todas, são facilmente envolvidas por notícias e comentário bem produzidos. Portanto, uma informação publicada em vários meios de comunicação, assim como os frequentes comentários de bastidores sobre determinados temas podem ser entendidos como verdadeiros, mesmo que sejam grandes mentiras.

Nos dias atuais essas artimanhas são utilizadas com frequência por governantes que buscam a popularidade a qualquer preço. Assim, desprovidos do pudor e da ética exploram o analfabetismo político da maioria do eleitorado, divulgando dados que não representam a verdade. Mas nesse caso, se faz necessário que seja emitido um sinal de alerta para aqueles que assim procedem, pois tudo que praticamos e falamos tem limites. A mentira pode ser comparada a uma lâmina de duplo corte, podendo ferir os dois lados.

O fato é que a verdade e a mentira fazem parte do cotidiano político e certamente implicam em resultados importantes junto ao povo, principalmente a mentira, pois quando a mesma é revelada provoca um profundo mal-estar entre o artífice e a sociedade, que passa a se sentir como um barco à deriva, ao perceber que seu líder, não é confiável.

Esses procedimentos dúbios permitem a subdivisão de governos, que passa a necessitar do apoio dos aliados e dessa forma surge o inevitável, que é o loteamento de cargos, isso, provocado exatamente pelo fato de ter desobedecido a uma linha de conduta política preestabelecida, tornando-se enfraquecido e confuso. Para se manter no comando precisa navegar pelas ondas místicas entre a mentira e a verdade, e diante disso começam também a surgir os escândalos provocados pelos acordos espúrios que a sociedade tanto condena. É a máscara caindo e a falta de credibilidade a cada dia crescente.

Mas para que esse problema seja facilmente resolvido são necessárias apenas à criação, e exploração de um fato novo, mesmo que seja com os requintes da hipocrisia e condições que estão contidos nos parágrafos acima. Afinal, se a ignorância popular se curva diante desses procedimentos, porque então não tirar proveitos?

Portanto, podemos reafirmar sem constrangimentos, que em política a verdade e a mentira são a mesma coisa e tem a mesma utilidade, depende do que se necessita para o momento.

Partindo do principio de que não existem problemas scm solução, nos sentimos à vontade para afirmar que essas práticas consideradas abusivas por parte dos políticos aproveitadores das carências populares e mentirosos, não podem ser apontadas como exclusivas fontes responsáveis pelos deslizes cometidos nas esferas políticas. Pois assim como nos referimos em parágrafos anteriores, quem o elegeu também faz parte do processo e não pode ser considerado inocente, pois os meios de comunicação chegam a toda parte levando todas as informações necessárias sobre o pleito e seus participantes, para que dessa forma o eleitor possa tirar suas dúvidas sobre os candidatos e assim também conheçam quem mente e quem fala a verdade, quem age com hipocrisia e qual é deles que tem o compromisso com a causa pública e para que não existam dúvidas na escolha do candidato que, pelo menos, se aproxime do ideal.

A HIPOCRISIA

Onde existirem duas ou mais pessoas que estejam a conversar sobre política, certamente, que as críticas, elogios e acusações, que compõem a extensa lista de detalhes que fazem parte desse universo tão rico em opções para estas finalidades, estarão sempre presentes. É por esses procedimentos que são considerados normais para este segmento, que os debates e disputas tornam-se contagiantes.

Em política, o item mais criticado é a hipocrisia, que também devemos considerar como uma prática normal, nas esferas do poder, pois essa é uma tática que, sendo empregada inteligentemente, ainda produz bons frutos. Apesar dos discursos e palestras que ouvimos através dos próprios militantes de Partidos e seus candidatos, que se acusam mutuamente de procederem com hipocrisia, não altera o curso do processo.

Para que possamos entender melhor o tema em questão, vamos estudar um pouco sobre essa palavra, hipocrisia. O que significa? É uma atitude que um indivíduo adota para compor uma postura que não lhe é real e manterem suas performances eleitoreiras. Hipocrisia significa impostura, fingimento, falsa devoção. Mas se analisarmos as diversas culturas políticas em todo o planeta e o nível educacional do povo de uma maneira geral, veremos que não temos alternativa, que não seja a de concordar com a ideia de que tal procedimento deve ser aceito como natural, pois uma situação nutre a outra.

Mas uma coisa, não foge à regra. A corrida pelo poder é alucinante, e quando alguém está em fase de preparação para aderir à militância nos meios políticos, o primeiro item que flui naturalmente, sem que seja necessário fazer estudos e que se aprende com a maior facilidade é a prática da hipocrisia. Qualquer militante político seja qual for o seu partido, tem um procedimento em comum. É a adequação do discurso para tirar proveitos da ignorância política dos eleitores que através do voto dizem sim, aos candidatos que se utilizam desse item infalível para ludibriá-los.

Em quaisquer segmentos da sociedade, existem eleitores que se dizem esclarecidos e afirmam que jamais irão votar em elementos que são praticantes dessas artimanhas. Esses tipos de indivíduos são encontrados facilmente nas universidades e nos meios empresariais. Porém, de acordo com observações realizadas ao logo de várias campanhas, podemos garantir que, quando chegam os períodos eleitorais, o que temos na prática, é um processo dúbio e conivente, pois são exatamente esses tipos de eleitores que na maioria das vezes, encontramos por demais envolvidos com elementos que são ainda piores.

Portanto, diante de tal procedimento, não devemos condenar aqueles que aplicam essa fórmula, no sentido de conquistarem seus objetivos na corrida pelo poder, pois mais uma vez fica confirmado que a culpa não é apenas deles, mas também de quem os aceita e elege.

Assim, fundamentados nesses fatos, não podemos julgar nem condenar o hipócrita e nem considerar a hipocrisia um procedimento nefasto ao meio político e nem depreciativo ao praticante, pois, como deixamos evidente nos parágrafos anteriores ele não seria um agente solitário do espetáculo, existem milhares de coadjuvantes, que são seus eleitores.

Nos períodos das campanhas eleitorais as pessoas têm ao seu dispor, programas políticos gratuitos, no rádio e na televisão, encontros nas comunidades, comícios, debates e inúmeros eventos com todos que estão aptos a participar do pleito. Além disso, devemos registrar que a divulgação é ampla nos demais meios de comunicação, exatamente para que todas as dúvidas possam ser dissipadas e assim o cidadão possa escolher com segurança em quem votar.

Para que não venha sobre nós a acusação de leviandade e possamos ser mais objetivos em nossas afirmações devemos enfatizar que, é preciso ter muita coragem e um ideal firme, para enfrentar uma disputa eleitoral, nos dias atuais, pois a credibilidade dos políticos está em baixa, e a ética e os fundamentos da moralidade, são excluídos da prática diária. A política não é apenas um caminho para o poder é uma ciência complexa e rica em detalhes, e somente as pessoas inteligentes e audaciosas sabem decifrar seus enigmas, que misturam a tristeza e a alegria, o certo e o errado, a verdade e a mentira, o sonho e a realidade.

Por isso, concluímos que, a hipocrisia é apenas um, entre inúmeros mandamentos e ingredientes que devem fazer parte do ritual político de qualquer candidato. Mas é bom lembrar que o mesmo deve se comportar como um verdadeiro artista e fazendo o jogo de cena de forma perfeita, repudiar com veemência a hipocrisia praticada pelos adversários, para que a sua não seja notada.

Este é um dos principais códigos do universo político, e aquele que duvidar, com certeza, é um tremendo hipócrita.

A BASE DO CARÁTER

Os enigmas do corpo do homem são decifrados apenas pela ciência, mas o seu caráter que é produto da influência familiar e escolar, ou do meio em que vivem, é analisado por todos os seus semelhantes. O que significa que seu procedimento é observado, e julgado pelos indivíduos que compõem os segmentos sociais aos quais pertence.

Tendo em vista que o ser humano é o ponto de partida para todas as criações e transformações do complexo universal, o mesmo produz para o seu próprio exercício, inúmeros mecanismos que o auxiliam para uma perfeita convivência em sociedade, ou seja, cria as leis que lhes garante os direitos e decreta seus deveres. Portanto, sob os auspícios desses critérios, passa a ser severamente observado por seus aliados e principalmente, os opositores. Como não poderia ser diferente, através das leis criadas para a manutenção da ordem, progresso e bem-estar de toda a sociedade, também lhes são concedidos os benefícios pessoais devidos, e da mesma maneira, também podem servir para lhes aplicar punições por atitudes de delinquência que possa praticar.

Já mencionamos e vamos repetir outras vezes, caso seja necessário, que os elementos indispensáveis para a formação do homem são: a família, a escola e a religião. E qualquer cidadão que não tenha a influência desses fatores em suas vidas, certamente terá grandes dificuldades para se manter de forma decente e civilizada entre os demais, pois não saberá o que fazer no momento em que seja necessário decidir entre as vantagens ilícitas e os princípios da honradez. O que comprova de forma indubitável, que sem o estímulo desses segmentos, o homem pode ser comparado a um edifício sem alicerce e de uma estrutura frágil.

A vida pode ser comparada a uma competição empolgante, para a qual o ser humano precisa de uma preparação física, moral e intelectual acima da média, para que possa prosseguir na disputa, isto é, driblando os obstáculos com serenidade e sabedoria. Pois somente assim poderá desfrutar dos resultados positivos conquistados nas lutas diárias. E isso é o que a família e a pátria esperam dos seus filhos.

Mas tudo isso pode sofrer modificações, ou transformar-se apenas em ondas utópicas, pois existem duas coisas que andam juntas e fazem parte da vida de qualquer pessoa, não importa a classe social a qual pertença, nem o seu poder aquisitivo. Estamos nos referindo à política e ao dinheiro. A política possui uma força sutil e impressionante. E ao mesmo tempo em que pode ser extremamente benéfica, pode também, na mesma proporção, se transformar em uma verdadeira célula maligna que destrói, não apenas um indivíduo, mas nações inteiras. Pois assim como detém a força construtiva do bem é também o alimento do poder do mal, que surge envolto pelo colorido das cédulas, ignorando e eliminando a primazia do bom caráter. E por incrível que possa parecer, e o leitor não queira acreditar, mas a política e o dinheiro nutrem o amor e o ódio, isso, dependo do que se pretende para o momento.

Nos dias atuais a política partidária é algo imprescindível ao homem, mesmo que ele não goste ou não queira, pois mesmo antes do seu nascimento, já estava sob os seus auspícios. A política é onipresente e não adianta tentar evitá-la, pois é através dela que são ditadas as normas que regem o cotidiano dos cidadãos. E até mesmo quando dizemos não, a todos os candidatos participantes de um pleito eleitoral, estamos fazendo política, embora que, de forma irresponsável, pois nesse caso poderemos estar facilitando a infiltração de elementos despreparados ou nocivos à sociedade e que pretendem apenas obterem lucros pessoais, porque o poder e o dinheiro possuem a química que transforma homens em verdadeiros monstros.

A política é mesmo a força oculta irresistivelmente poderosa, e o seu poder é transformador e revelador do caráter humano. Os sábios da antiguidade afirmavam que se quiséssemos conhecer o verdadeiro caráter de um homem, deveríamos favorecê-lo com dinheiro ou poder, e com certeza, sua verdadeira face seria revelada. Mas para entendermos este sábio pensamento, não precisamos fazer um estudo aprimorado, é suficiente apenas observarmos as atitudes e o comportamento dos elementos que conquistaram altas posições nas esferas sociais, ou fizeram grandes fortunas.

Na história da política universal, as práticas são iguais, apenas os requintes para os procedimentos eleitorais e administrativos, mudam de acordo com o poderio econômico de cada nação. Mas os objetivos são os mesmos, ou seja, eleger representantes dotados de um grande caráter. Porém, nesse caso vale lembrar o que mencionamos anteriormente, quando nos referimos que a política possui a força que transforma pessoas e reverte qualquer situação. Aliás, no mundo político atual, tudo é negociável, inclusive o caráter e é evidente que a nossa intenção não é agredir as classes sociais dominantes das esferas superiores da nossa sociedade, mas fazermos uma análise real do homem antes e depois de assumir o poder, ou conquistar uma grande fortuna.

A FAMÍLIA PEDE SOCORRO

A família é a pedra fundamental para uma sociedade coesa e justa.
Mas a política que deveria consolidar explora de forma equivocada e funciona como a ferrugem que corrói e dilacera seus alicerces.

Em política, os temas fundamentais para os debates com os demais segmentos da sociedade são: família, caráter, dignidade, trabalho, segurança, educação e saúde. E como não poderia ser diferente, esses itens também são aplicados como diretrizes das campanhas de todos os candidatos a cargos políticos, e é essa a reza, que serve, tanto para aqueles que são aliados do poder, quanto para oposicionistas. Todos eles elaboram seus discursos de campanhas fundamentados nesses argumentos que, dependendo da forma como são explorados e evidentemente do nível do seu eleitorado, que pode ou não, acreditar em suas palavras, poderão lhes render os frutos desejados. Pois as questões que mencionamos neste parágrafo estão sempre em primeiro plano dos programas de governos que são apresentados durante as campanhas eleitorais de todos os candidatos, que depois de eleitos transformam apenas em papéis guardados na última gaveta de seus arquivos, ou no lixo.

Em quase todos os países as questões familiares, estão sempre na pauta dos debates políticos, embora que na prática, ainda não sejam tratadas com a seriedade que merecem, e apesar de já estarmos vivendo o terceiro milênio da era cristã e a plena euforia da evolução globalizada tão proclamada pelos meios de comunicação e autoridades mundiais, a família que é a pedra fundamental para a formação do caráter de cidadãos através de seus ensinamentos básicos que podem influenciar no nível social e cultural dos mesmos no mundo de amanhã, entendemos que deveria ser também o alvo preferencial das ações governamentais, o que infelizmente não acontece.

No Brasil, por exemplo, este tema não passa de um detalhe a mais, entre tantos que são adicionados às armadilhas preparadas para enganar o eleitor desprovido de conhecimentos primários para administrar a própria vida. Aliás, nos dias atuais, políticos e líderes religiosos, cometem verdadeiros estupros contra a inocência das famílias brasileiras que sofrem com a falta de recursos para suprirem suas necessidades básicas. Qualquer cidadão por mais insuficiente que seja o seu grau de intelecto terá consciência de que, trabalho, segurança, educação e saúde são o mínimo necessário para uma vida digna e o essencial para a felicidade de seus dependentes. Mas as inúmeras formas de agressões silenciosas praticadas contra a família, em qualquer lugar do planeta terra são assustadoras, mas servem para revelar a face oculta da política mundial, e com certeza, reforça a nossa tese de que, o direito do cidadão comum é apenas, o de lamentar.

Nas regiões, norte e nordeste do Brasil que correspondem à metade do território Nacional reside a maior parte das famílias carentes do País. São pessoas que vivem em situações de carência quase absoluta em todos os níveis. Porém, os governantes mal-intencionados conscientes de que ali está o grande segredo para se manterem no poder, oferecem suas migalhas, como uma fórmula de mantê-los submissos. Oferecendo o mínimo necessário para que se mantenham vivos e no período eleitoral lhes conceda o direito de continuar seus atos espúrios através do voto. Portanto, para que não sejamos acusados de omissão, queremos aproveitar este capítulo para fazermos um alerta, não apenas para a classe política brasileira, mas para todos que são adeptos desses tipos de crimes disfarçados de ajudas humanitárias, ou de políticas sociais para famílias carentes. O ser humano não precisa de esmolas para sobreviver e o que deveria ser posto em prática pelos governantes é simples e fácil de resolver. É necessário apenas que sejam oferecidas as condições para que os mesmos consigam um trabalho digno e assim possam sustentar suas famílias com os dividendos conquistados através de suas atividades remuneradas, pois as práticas atuais são depreciativas e afetam diretamente a autoestima de um povo, necessitado, porém guerreiro e destemido.

Diante do que conseguimos detectar, podemos concluir que a erradicação da pobreza e da miséria jamais será resolvida através das bolsas, auxílios e outras migalhas que o governo oferece. Isto é exploração cínica e disfarçada aplicada contra os pobres mortais que, envolvidos pelo véu da ignorância política e pelo desespero provocado por suas necessidades, aceitam como se fosse um grande ato de bondade por parte dos governos. Mas, os cérebros livres de qualquer vínculo, passam a observar e entender que estes procedimentos envergonham qualquer Nação.

No Brasil o segmento familiar pede socorro, pois as políticas públicas quando não são equivocadas, são no mínimo, mal-intencionadas. Os líderes políticos Nacionais concedem e criam fórmulas para distribuírem benefícios com intenções eleitoreiras sem nenhum pudor. Se isso não for um crime eleitoral, é no mínimo, um atentado à dignidade do pobre cidadão. Por isso, assim como procuramos alertar, não poderíamos também, deixarmos de fazer a nossa crítica e com destino certo às instituições de justiça e demais entidades internacionais que aplaudem esses tipos de procedimentos como se fossem grandes iniciativas para erradicar a miséria. Uma dessas instituições é a ONU, Organização das Nações Unidas, pois seus componentes assistem a tudo de forma passiva, e em alguns momentos, até parece que são portadores de uma demência irreversível.

OS BAJULADORES

Em uma campanha política acontecem coisas que em épocas normais não aconteceriam. Uma dessas coisas é a presença e a atuação incomoda dos bajuladores. Indivíduos que se desprendem do bem querer a si próprios e se dedicam ao seu líder como se o mesmo fosse o seu alimento diário. São pessoas que criam em suas mentes uma fantasia de que são importantes e indispensáveis para o candidato ou governante do qual seja aliado.

O fator complicador é que eles surgem com o recheio dos ingredientes da submissão e da subserviência desmedidos. Isso acontece porque em suas mentes desprovidas do senso crítico, imaginam que assim procedendo aumentam suas possibilidades de participação direta nas esferas do poder, caso o seu candidato consiga ser eleito, ou o líder em questão sinta-se satisfeito.

É exatamente a possibilidade dessa conquista que faz com que esses indivíduos que estão infiltrados em todas as camadas da sociedade comecem a agir dessa maneira. São elementos totalmente desprovidos de personalidade e que atacam sem trégua.

Quando nos referimos ao assédio dos bajuladores, não significa dizer que seja um privilégio apenas de uma determinada esfera da sociedade, pois esses tipos, que são os maiores perturbadores da vida de um candidato ou governante, estão por toda à parte, e entre eles, estão alguns líderes comunitários e presidentes de associações que se acham os verdadeiros donos das vontades, desejos e necessidades das pessoas residentes em suas comunidades e que são os piores entre os demais. Este exemplo deprimente é seguido também por empresários e profissionais liberais que tentam fazer acordos para objetivos futuros, e até mesmo trabalhadores que buscam garantias de oportunidades de emprego.

Mas apesar de sabermos que esses tipos incomodam mais que quaisquer outros, e que não liberam o líder, nem por um minuto, a presença deles, mesmo que seja incomoda é também necessária, pois são pessoas que fazem de tudo que o candidato solicitar. Exercem funções de atendentes, fazem panfletagem, agitam o público nos comícios e são os melhores cabos eleitorais que um candidato pode ter.

Os bajuladores, que são indivíduos de evidente fraqueza de personalidade e que já nos referimos neste capítulo, têm como prazer maior servir gratuitamente ao seu líder. O pagamento de um bajulador e de um valor mínimo, pois o que faz sentir-se plenamente satisfeito é pelo menos ouvir palavras de elogios pelo candidato, e que possa demonstrar afinidade com o mesmo em todos os lugares por onde passar, comentando detalhes da sua campanha e até da casa do mesmo. Se tiver acesso é claro.

Portanto se faz necessário que seja conduzido com sabedoria, para que possa ser aproveitado ao máximo, principalmente, na divulgação de detalhes que o candidato necessite que chegue ao conhecimento do eleitorado, ou da concorrência, e para produzir boatos e fazer comentários que sejam interessantes ao postulante.

Ao analisarmos atentamente os procedimentos e assédio de indivíduos bajuladores, podemos concluir que os mesmos não devem ser repudiados com veemência, pois entre tantos detalhes está também o serviço gratuito que pode oferecer. O que irrita em uma pessoa que age dessa forma é a sua marcação implacável e quase onipresente que incomoda e que pode, em alguns momentos, atrapalhar a aplicação de táticas que precisam ser postas em prática durante a campanha.

Mas o bom político deve resolver isso da melhor maneira possível, pois não devemos em hipótese alguma, pelo menos enquanto durar o processo eletivo, descartar nem humilhar esses tipos tão frágeis. Evitar o assédio contínuo é necessário e isso não é tão difícil de ser resolvido, é suficiente apenas que alguma tarefa lhe seja confiada para que possa sentir-se útil. Um candidato inteligente precisa saber o momento certo de tirar proveitos dos bajuladores em sua volta. Mas não deve permitir que tenham acesso a informações de vital importância para suas estratégias de campanha, assim como detalhes da sua vida particular e íntima. Pois o bajulador é um elemento de personalidade frágil, e que apesar de ser extremamente fiel ao seu líder, pode prestar um grande serviço aos adversários, que procedendo de forma inteligente e audaciosa começam a enaltecer sua pessoa com exagerados elogios, fazendo com que o mesmo revele alguns itens que podem ser considerados importantes e necessários para combater o concorrente, sem muitas dificuldades.

A grande verdade sobre os fatores que mencionamos neste capítulo acontece porque o cérebro de um bajulador é limitadíssimo e não possui a competência para captar os perigosos laços armados pelos adversários. Assim sendo, diante dessas observações chegamos à conclusão que esses tipos devem ser usados, e em seguida descartados. Mas também precisamos fazer um pequeno lembrete: é aconselhável a tática da prudência, pois, em qualquer setor da vida, nós, pobres mortais, sempre estamos a precisar do próximo.

O universo político é realmente fascinante, na sua essência escondem-se coisas de altíssimo nível, mas também acomoda a escória dominada por uma sede insaciável pelo poder e alimentam a face oculta da política. Assim como em qualquer setor da vida encontramos indivíduos dotados de um coeficiente psíquico bastante elevado, capazes de procederem de forma surpreendente para escreverem seus nomes nas páginas da história da humanidade, pelos métodos do bem, mas existem também aqueles que não hesitam em praticar atos ilícitos para atingirem seus objetivos. Se estudarmos a história universal da política, certamente vamos encontrar passagens que relatam a nobreza de grandes líderes, assim como a crueldade de outros que foram capazes de procedimentos insanos para conquistarem ou se manterem no poder.

Mas a prática da truculência nos dias atuais é inconcebível, isso faz parte de um passado que não pretendemos mais ver em nosso cotidiano. Naquelas épocas os governantes sentiam-se deuses e consideravam as pessoas como verdadeiros animais de sua propriedade.

Hoje, os métodos que devem ser aplicados para a conquista de objetivos políticos podem variar de acordo com a cultura, poder aquisitivo ou nível de escolaridade de cada povo.

Segundo os politiqueiros mais experientes, em uma campanha tudo é válido. Começando pelo bom relacionamento que é a parte romântica que um postulante deve apresentar entre os populares, a desenvoltura ao discursar, e a demonstração de sensibilidade diante das necessidades daqueles que são desprovidos de condições dignas para sobrevivência. Mas no que se refere à austeridade no trato com as leis e a causa pública, deve ser ainda mais abrangente em suas colocações para que haja um diferencial entre os demais.

Esses detalhes podem ser considerados itens básicos, ou seja, atributos particulares de cada candidato e o mínimo que se pretende, ou que pelo menos se deseja aproximadamente de um político nos tempos atuais.

Mas também sabemos que tudo isso pode ser utilizado apenas para a produção de um falso desempenho e assim iludir o eleitor menos esclarecido em seus belos discursos durante o pleito, ou em solenidades em que o mesmo precise apresentar suas falsas ideologias, com uma plástica fantasiosa, porém, de forma que, nas entrelinhas, a proposta esteja concordando com os objetivos em foco e, mesmo que não seja legítima, apresente um teor convincente. Tomando essas suposições como parâmetros, é possível afirmar sem dúvida alguma, que, elogios e críticas, neste segmento, podem ter o mesmo sentido. A construção ou destruição de indivíduos ou sistemas vai depender da astúcia e dos objetivos de quem os profere ou administra. Embora, seja necessário alertar que, em alguns casos, a crítica pode ser mais benéfica ao militante do que um elogio, pois poderá conter detalhes importantes que o colocarão em rumo certo da trajetória pretendida, e o elogio pode ser lançado com peçonha letal para induzir o mesmo a cometer desatinos, ou proceder de forma que venha a beneficiar o opositor.

A eloquência de um candidato ou governante também pode ser comparada a um grão de primeiríssima qualidade que, ao ser semeado em terreno fértil, certamente produzirá bons frutos. Essa qualidade rara deve ser aplicada de forma caprichosa e sem constrangimentos, pois o mesmo deve saber o momento certo de apresentar-se como anjo, ou demônio, dependendo das necessidades para o momento.

No mundo político atual a falta de credibilidade está crescente. Mas mesmo assim o povo, que reclama e protesta, vai às urnas e vota. Isso acontece porque as pessoas são ignorantes, não sabem o que querem, e estão muito distantes de uma evolução política ideal para entenderem o que é um elogio, uma crítica, ou um compromisso político que lhes sejam apresentados de forma verdadeira, ou falsa.

Apesar da modernidade e dos avanços tecnológicos levarem a todos os lugares do planeta, as informações sobre tudo que se precisa saber, principalmente o histórico de cada candidato, os eleitores ainda não buscam discernir o que seja uma notícia com credibilidade, de um pano de fundo utilizado apenas para desviar suas atenções de algo que, certamente, os governantes não querem permitir que sejam levadas ao seu conhecimento.

Em síntese, o que queremos dizer é que nos métodos antigos, um ditador precisava das armas para submeter à sociedade de um modo geral sob seu jugo, mas em épocas de evolução globalizada, isso é bem diferente. Para governar com tranquilidade, mesmo que não faça absolutamente nada de expressivo pelo seu povo, é suficiente que o mesmo possua o dinheiro necessário para comprar o silencio dos insatisfeitos, pois diante das necessidades do mundo moderno, a ganância tomou o lugar da decência e o caráter do homem, virou mercadoria de quinta categoria em exposição nas prateleiras do mercado da imoralidade.

Como já tivemos a oportunidade de mencionar em páginas anteriores, uma fonte que pode ser transformada em arma letal contra qualquer governante é a imprensa. Portanto, tendo em vista que em política tudo é negociável, podemos concluir que, não é uma atitude inteligente de um governante criar mecanismos controladores dos meios de comunicação, pois este segmento é formado por inúmeras empresas, que além das obrigações com seus funcionários possuem outros incontáveis compromissos de ordem financeira, e isso significa que eles precisam de verbas para reforçar suas contas bancárias e se manterem em atividade. Portanto, é mais interessante ter um canal a mais como aliado, do que deixar sucumbir em dificuldades. Para que um governo veja publicado apenas o que lhe interessa, é suficiente que haja um simples acerto financeiro e tudo estará devidamente solucionado. Mas uma coisa deve ser observada, nenhum veículo do meio, deve ser discriminado, estamos nos referindo àqueles que são considerados os nanicos da imprensa, isto serve para todas as modalidades, independente da sua área de atuação. Nesses casos o relacionamento deve ser igualmente satisfatório, isso no que diz respeito às questões financeiras.

Um setor que apresenta um grau de complexidade muito elevado são as esferas inferiores à cúpula do governo que possuem um extraordinário poder de formação de opinião e não devem ser subestimadas. A começar pelos titulares das pastas, até ao mais simples funcionário, todos devem ser agraciados com a porção merecida, e de acordo com a importância de cada elemento no contexto, podendo evidentemente, ser aplicada qualquer outra tática, desde que tenha a capacidade e condições de satisfazer as necessidades que surgirem ou forem cobradas. O importante é oferecer as benesses adequadas em troca do apoio incondicional, silencio e defesa incondicional.

Se um governante possuir habilidade e inteligência suficiente para pôr em prática o que está escrito nos parágrafos anteriores, com certeza dominará quase todas as fontes possíveis que poderão formar opositores com potencial de enfrentamento. E o que é mais importante, não será molestado em sua administração e poderá ditar as regras do jogo do poder. E depois disso, ainda poderá surpreender a população com algo que seja considerado bom, e tudo será devidamente resolvido, porque o povo não tendo acesso às informações de bastidores e encoberto pelo véu da ignorância política deverá receber apenas o necessário para se alimentar e junto aos seus ter a diversão desejada. E com essas dádivas certamente não fará cobranças, pois essa ação será suficiente para que o mesmo se sinta feliz e de uma forma mágica passe a aceitar, aplaudir e defender as atitudes de governantes que na maioria das vezes, são inconsequentes e apresentam sintomas graves de uma enfermidade altamente perigosa chamada, ditadura disfarçada. Afinal, em épocas modernas a caneta é um fuzil, e o dinheiro pode ser comparado a uma essência venenosa que produz os efeitos de uma guerra química, ou suplemento alimentar para todas as camadas sociais.

Isso, com efeitos malignos ou benignos, porém, silenciosos.

PROMESSA é o ato de prometer, coisa prometida, compromisso. Pelo menos é o que está escrito nos dicionários. Para os mais antigos e pessoas de conduta ilibada, promessa é uma dívida que deve ser quitada. Parece uma palavra simples, mas possui propriedades de valor místico e moral e de um significado muito elevado. Pois é o que representa quando nos comprometemos com alguém, ou com algum segmento social. Significa que estamos assumindo uma dívida que realmente, deve ser quitada. Mas para alguns políticos não passa de um detalhe utilizado nas estratégias de campanha. Pois os militantes profissionais prometem tudo que possa gerar esperanças nas pessoas, principalmente, naquelas que não possuem a evolução necessária para distinguirem, o que é real, das coisas utópicas. Esse tipo de abuso é facilmente aplicado aos indivíduos que não tiveram o privilégio de evoluir nos estudos e naqueles que são infectados pelo analfabetismo político, que se tornam objetos manipuláveis nas mãos desses predadores da consciência popular. O agravante é que neste cenário, nada pode ser alterado, pois, não podemos incriminar de forma veemente, aqueles que são concorrentes a cargos eletivos, pelas práticas aplicadas, porque na disputa pelo voto, tudo pode ser considerado plenamente aceitável. Afinal, em política tudo pode ser considerado simples e natural.

É importante acrescentar que, para participar de uma eleição, os candidatos devem estar preparados para enfrentar todas as situações, previstas ou inesperadas, que o pleito possa apresentar. Assim como os assessores dos mesmos devem ser competentes, pois as informações do quadro político atual, sobre as comunidades e demais segmentos devem chegar ao mesmo com extrema exatidão. Principalmente sobre as virtudes, necessidades e reivindicações da coletividade, para que, com firmeza nas palavras possa prometer de maneira convincente, tudo que o povo deseja ouvir de acordo com seus interesses. Afinal, não é procedimento recente da classe política de um modo geral ocupar-se apenas em fazer promessas, às vezes até, de coisas politicamente impraticáveis, apenas com o objetivo de ludibriar o eleitorado. Mas quando conseguem atingir seus objetivos, esquecem completamente.

Os artifícios que podem ser aplicados, assim como os detalhes postos em prática no transcorrer de uma eleição, devem ser analisados apenas do ponto de vista político, e então veremos que não são atitudes abomináveis, pois o eleitor também é um tipo de elemento conivente e dotado de personalidade volúvel e a sua mente frágil e despreparada, se deixa envolver facilmente por qualquer pessoa que se apresente com eloquência e sagacidade. A verdade é que, assim como no teatro e na TV, a política também tem seus artistas, que de acordo com seu desempenho são idolatrados ou desprezados. Dessa forma temos que aceitar a promessa política como um item que deve ser utilizado com maestria, para que seus resultados possam corresponder à expectativa do candidato e não produzir efeitos adversos.

Diante de um quadro revelador sobre o relacionamento entre povo e políticos, podemos concluir que seria uma atitude hipócrita da nossa parte, lançar todas as críticas apenas, sobre a classe política, pois os eleitores também precisam se corrigir para que o seu direito de cobrança seja lícito.

A verdade dessa história é que todos estão enquadrados em um antigo ditado popular que coloca esses indivíduos em um mesmo nível. São todos, farinha do mesmo saco.

A vida em sociedade é complexa e recheada de detalhes que precisam ser analisados de forma realista, para que possamos evitar dissabores no futuro. Mesmo porque em política qualquer procedimento atrai uma cobrança especial, e muitas vezes intransigente, tanto na teoria política ou na ética, quanto na prática.

Portanto nos sentimos na obrigação de inserir em nossos comentários algumas palavras sobre a participação religiosa na vida do indivíduo e nos segmentos sociais, principalmente na política.

A importância desse comentário passa a ser imprescindível à obra porque os deslizes cometidos por pessoas que ocupam as esferas do poder e que de alguma forma estão vinculados a este segmento são muitos e nos fazem chegar à conclusão de que, os paradigmas religiosos adotados para disciplinar os procedimentos da moralidade, não podem ser misturados com as artimanhas da política.

A religião procura ensinar ao homem os princípios dos bons costumes, baseados em ensinamentos puros, e busca orientá-lo para conquistar a paz interior e entre os povos, além de uma perfeita evolução espiritual. Em política tudo se resolve com dinheiro e conversa. É exatamente neste ponto onde se esconde a maior fonte de perigo, pois é necessário esclarecer que o dinheiro nem sempre é lícito e nas conversas, os interesses podem ser escusos.

Um líder religioso, independente do segmento ao qual pertença, deve buscar sempre pela conquista do respeito e da consideração de todos os fiéis. Os seus ensinamentos devem estar sempre fundamentados em temas que são indispensáveis para a disciplina daqueles que o seguem. São indivíduos que, geralmente, pelo fato de serem reconhecidos por uma conduta ilibada, se esforçam para conduzirem os adeptos pelos caminhos da verdade, e têm no seu discurso a fórmula do viver bem e o repúdio veemente, contra a ganância, a soberba e a mentira, além de outros atos considerados ilícitos para uma vida espiritual que se aproxime da perfeição.

Nos lugares por onde passamos, em reuniões das quais participamos, ou até mesmo em alguns meios de comunicação ouvimos apelos de líderes religiosos, principalmente evangélicos e católicos, para que o homem tenha firmeza de caráter e poder na palavra ao dizer sim, ou não, sem dúvidas nem arrependimento. Fundamentados nestes princípios lançam sobre a classe política de um modo geral, severas críticas, e de maneira sutil levantam suspeitas quanto ao caráter e honestidade dos parlamentares e demais governantes em todas as esferas do poder constituído. E ainda afirmam de forma explícita, que pastores e membros das congregações, não devem envolver as coisas da igreja com práticas mundanas, principalmente a política.

Mas nos dias atuais a prática de alguns desses nobres senhores contradiz as suas pregações, pois as autoridades da igreja estão cada vez mais envolvidas e seduzidas pelos atrativos do poder e dos lucros fáceis que o segmento político pode oferecer. Apoiados pelo grande número de seguidores se lançam de corpo e alma nas esferas políticas.

É evidente que não podemos insinuar que todos os integrantes dos meios políticos e religiosos sejam desonestos, assim como não devemos ignorar que o dinheiro e o poder corrompem as pessoas, fazendo-lhes esquecer completamente dos compromissos de credo e de sangue.

Diante dessas circunstancias chegamos à conclusão que do ponto de vista religioso, não é uma atitude sensata de um cidadão, que busca tirar proveitos da fé de devotos para atingir seus objetivos políticos. Porque quando isso acontece, demonstra com clareza a contradição entre a fidelidade disciplinar religiosa e a prática, que na maioria das vezes, não é aconselhável.

Porém, não é necessário ser um cientista político para observar que a infiltração de religiosos na política desperta as atenções e provoca muitas polêmicas. Mas se analisarmos esses detalhes com seriedade veremos que também não é uma atitude correta usar o nome de divindades em quem as pessoas acreditam e depositam toda a sua crença, para pedir votos e muito menos lutar por aquilo que, com tanta veemência, se condena.

Mas, assim como em outros detalhes que já comentamos nas páginas anteriores deste exemplar, não podemos qualificar esses senhores como indivíduos de índole duvidosa, porque, tendo em vista que de acordo com a nossa observação e a atual realidade, os adeptos de qualquer segmento religioso, se deixam alienar facilmente, devemos apenas aplaudir o experto que veste a pele de cordeiro e consegue seus objetivos.

Para concluir afirmamos que esses elementos nos servem para mostrar que, nas transações do mercado inescrupuloso que envolve a política e a religião, para alguns indivíduos, o sentido iluminado da fé, é apenas uma simples frase.

Mas a nossa opinião acima transcrita não significa que condenamos a participação de religiosos nos segmentos políticos, apenas entendemos que todos devem agir como está escrito em seus ensinamentos, ou seja, seja a palavra do homem, sim ou não, com verdade e justiça e cobrar o que é correto dentro da ordem e da lei.

Para que possamos continuar falando de política precisamos dedicar algumas linhas no sentido de fazermos um pequeno ensaio sobre as condições sociais e culturais de cada povo. Pois os métodos aplicados durante os períodos de campanhas eleitorais, assim como no exercício dos mandatos daqueles que se elegem e demais militantes que vivem ativamente neste segmento, são os mesmos em qualquer parte do planeta. O que muda são as táticas aplicadas de acordo com as condições dos itens que mencionamos em capítulos anteriores.

Mesmo com a evolução ininterrupta acontecendo em todos os setores da vida humana, as pessoas parecem engatinhar diante do que ainda precisam crescer. Estamos nos referindo às questões psíquicas, religiosas, culturais e necessidades humanitárias, entre outros direitos por conquistar de todos os povos.

O que observamos nos registros dessa nova era é um demonstrativo gigante do poder econômico de uma minoria dominante, enquanto os demais vivem às duras penas, e sob o jugo daqueles que usufruem as gorduras produzidas pelo capitalismo, selvagem e devorador das energias do proletariado, que são os mantenedores dos sistemas.

Portanto, esse quadro demonstra claramente que a falta de interesse dos grandes líderes políticos e empresários, para a formação de uma sociedade coesa e justa é o fator responsável pelo desequilíbrio existente entre as nações. Esse é sem dúvidas o grande vilão que provoca de forma absurda, a divisão dos povos em cinco classes sociais que são: Alta, média, média-baixa, pobre e miserável.

Para que o leitor possa entender com clareza o que estamos acusando, vamos fazer uma comparação entre os níveis de funções e poder aquisitivo de cada cidadão.

Na classe alta estão os chefes de estado e os grandes empresários que patrocinam, manipulam e ditam as normas para os demais segmentos com o objetivo único de multiplicarem seus lucros.

A classe média é formada por funcionários públicos de alto escalão, profissionais liberais e empresários medianos.

Na classe média-baixa estão aqueles que ganham o suficiente para que suas famílias não passem privações e possam usufruir o mínimo de laser.

O pobre ganha apenas o necessário para não morrer de fome. Os miseráveis comem as sobras das mesas daqueles que possuem um pouco mais, e vivem sob o jugo das necessidades e da discriminação social que lhes é imposta. São pobres e indefesos mortais que não possuem o poder da percepção para reconhecerem que seus esforços para conquistarem uma vida melhor, e até mesmo suas lágrimas, provocadas pelos dissabores do cotidiano, são as sementes que produzem os lucros das classes dominantes.

Por isso, o que afirmamos nos capítulos anteriores, de que o povo seria apenas um detalhe é a mais pura das verdades. Pois nos moldes atuais o que importa ao Estado não é o bem-estar do cidadão, mas o que ele pode produzir para os cofres públicos, além dos dividendos eleitorais.

Se observarmos com o mínimo de atenção a classificação das camadas sociais, alteradas, de acordo com os procedimentos do Estado em relação ao povo e segundo a ótica do autor, e mencionadas neste capítulo, não será difícil descobrir quais os beneficiados neste processo, e mais uma vez, o analfabetismo político se apresenta como o grande responsável por essa catástrofe social, pois funciona como se fosse uma célula maligna que prolifera entre as nações, e fornece sustentação eleitoral a partidos políticos e elementos desqualificados que não têm o mínimo interesse em promover a evolução da coletividade e que em alguns casos aproveitam a oportunidade de estar no poder para cometerem crimes que ficam marcados na história da humanidade. Mas essas aberrações exigem uma análise social profunda e criteriosa, tendo em vista que nem sempre temos as provas para acusar os indivíduos responsáveis pela condução do sistema. Pode ser uma questão aparentemente simples, porém, altamente complicada porque todos nós somos culpados e até, deveríamos ter a grandeza do caráter e nos considerar irresponsáveis por deliberarmos em nome de tal democracia, ilimitados poderes nas mãos de uma minoria, cujo procedimento quase sempre, é inconsequente, dúbio ou criminoso.

Diante do panorama atual, não podemos fazer quase nada para alterar o quadro, pois as principais vítimas aceitam caladas as imposições absurdas e às vezes até se vendem por migalhas. O que podemos considerar uma situação absurda e constrangedora e um demonstrativo fiel de uma sociedade frágil e altamente desorganizada. Para não fugir à regra, resta-nos apenas um direito. LAMENTAR. Afinal, cada governo vive amparado pela cultura e o nível de inteligência do seu povo.

Qualquer indivíduo que tenha pretensões de fazer carreira pelos vastos caminhos da política, com certeza deve possuir em seu cérebro, inúmeros planos para a conquista do seu eleitorado. E uma das fórmulas infalíveis indicada para auxiliar na realização deste objetivo é a execução do seu marketing que se aproxime da perfeição. Mas para que isso seja viável, se faz necessário a elaboração de um estudo minucioso, tanto do reduto eleitoral, quanto do perfil do próprio candidato, e também deve existir consonância com o Estatuto e programa partidário, para que assim possa traçar a meta correta de trabalho.

As pessoas pobres e analfabetas são as principais fontes que devem ser exploradas, e neste ponto queremos esclarecer que não existe a intenção ofensiva aos menos favorecidos da nossa sociedade, o problema é que a falta de conhecimentos faz dessas pessoas, verdadeiras escravas de suas próprias necessidades, porque suas mentes são frágeis e se entregam com extrema facilidade, tornando-se alienadas irreversíveis, e que, sob o domínio daqueles que têm o dom da palavra fácil, e possuem as migalhas necessárias para ajudar na solução de seus problemas individuais, como a fome e a sede, mergulham em um verdadeiro transe que lhes fazem enxergar o seu líder político como um ser ímpar e senhor absoluto da verdade.

As pessoas que fazem parte deste grupo dos menos favorecidos possuem as mentes castigadas pelos dissabores dessas deficiências e podem representar um grande perigo para todas as classes sociais, pois através do seu voto, podem construir lideranças maléficas à sociedade com a capacidade de desenvolver todos os mecanismos que denigrem a imagem dos demais integrantes do poder público, além de promoverem a desordem e a falência de uma nação.

Como não poderia ser diferente, o alienado, aplaude e defende o seu líder, pois não consegue abrir os olhos para enxergar a luz da verdade. Mesmo que ele esteja errado.

Tendo em vista o comportamento dessas pessoas, favorecer ao político de procedimento dúbio, e este, por sua vez, sabendo que esta é uma das inúmeras fontes existentes no fértil terreno da política, não deve fazer-se de rogado, e de forma convincente procurar pôr em prática sua arte dominadora, através de uma incomparável eloquência.

Imaginando o que poderia ser correto para que os meios políticos pudessem alcançar os patamares desejáveis da moralização, poderíamos afirmar que esta prática é inadequada e espúria. Mas, considerando que não existe uma lei específica para punir o assédio a essas mentes frágeis, e que este artifício produz bons resultados, temos que aceitar como uma atitude normal e legítima.

Os alienados possuem um comportamento que se aproxima daqueles que são portadores de debilidade psíquica, e podem ser comparados a animais adestrados, que transformam sua presença em algo ridículo e incomodo. Mas o que importa é que o voto é garantido. Portanto, vale à pena controlar o emocional e suportar essa dedicação extravagante e fidelidade canina.

Apenas um lembrete: Esse é um comportamento comum aos brasileiros que vivem e aceitam essas condições de verdadeiros animais presos em currais, principalmente aqueles que são ligados a partidos de ideologia socialista, onde a utopia toma o lugar da realidade e essas mentes frágeis tornam-se submissas.

Nos debates sobre temas políticos, uma palavra ganha destaque nos comentários daqueles que se julgam espertos e entendidos nessa matéria. "Manipulação" O que significa preparar com as mãos, dominar, controlar ou levar alguém a pensar ou agir como nos convém. Se observarmos atentamente, veremos que é algo que tem tudo a ver com a face oculta da política. A manipulação de elementos e dados nos meios políticos é um tema que exige do praticante, que o mesmo possua alto nível de discernimento e inteligência, para pôr em prática suas táticas dominantes e assim aconteça uma reação positiva nos cérebros receptores, pois são estes que certamente, irão disseminar suas ideias.

Pessoas e situações manipuláveis existem em qualquer lugar. Não importa se estão entre mendigos ou frequentadores das esferas dos poderes, a mudança está na técnica aplicada, pois tudo depende do cérebro receptor. É certo que neste processo teremos que ouvir muitas asneiras, pois a magia envolvente da política faz com que as pessoas, não importando a classe social, ou nível intelectual, sintam-se figuras importantes no esquema e comessem a proceder como se assim fossem.

Essa arte incrível e dominadora das massas humanas pode ser explorada da melhor forma que o líder desejar, e sem o mínimo de constrangimento por parte do praticante, pois assim como já tivemos a oportunidade de comentar em capítulos anteriores, que qualquer ser humano é facilmente dominado, pelas vias das necessidades, como as questões financeiras ou delírios da sua imaginação, no que diz respeito às questões ideológicas, não devemos considerar essa questão, como uma atitude abominável, mas apenas uma tentativa de dominação do eleitorado pela sua fragilidade física ou intelectual. Ao mesmo tempo em que devemos esclarecer que, a controvérsia proposital em alguns textos aqui contidos não significa que usamos dois pesos e duas medidas para essas análises, assim como não estamos caindo em contradição, apenas seguimos a dinâmica da política que sugere a ciranda das palavras, atitudes e procedimentos. É tudo uma questão circunstancial.

Para uma conquista ou manutenção do poder político é necessário que exista uma diretriz, em que o cérebro dominante possa seguir, criando e aplicando as normas que serão as garras controladoras dos submissos.

A necessidade é uma estrada plana e reta pela qual caminha livremente o órgão ou indivíduo manipulador. Os necessitados aceitam ofertas e se comprometem facilmente, desde que suas reivindicações sejam atendidas, e na maioria das vezes apenas uma promessa de solução futura, pode ser o bastante, desde que os procedimentos do mentor sejam convincentes.

Sabemos que, tratar de assuntos ideológicos não é tarefa fácil. Mas os problemas financeiros, de qualquer cidadão, são mais complicados. Pois quem precisa a todo custo, quitar uma dívida, por exemplo, certamente, quer dinheiro em suas mãos e é evidente que ninguém irá satisfazer uma solicitação dessas de forma aleatória. Portanto, o líder precisa possuir os ingredientes políticos, para uma negociação satisfatória, de forma que o solicitante possa sentir-se prestigiado e seguro com aquilo que lhe for apresentado. As pessoas que atuam nos bastidores da política e que têm conhecimentos profundos nessa matéria devem ser conscientes de que esses tipos formam o grupo dos eleitores que não votam em ninguém. São na maioria das vezes, oportunistas que se aproveitam da época para obterem lucros individuais, e se comportam como verdadeiras sanguessugas.

A ideologia partidária é a parte romântica da arte política é um conjunto de ideias e teorias doutrinárias, é o modo de ver de um indivíduo ou classe. Mas para que consigam transpor as barreiras que separam a utopia da realidade é necessário que seus líderes sejam autênticos e convincentes em suas relações com as massas, para que assim, possam conquistar fiéis seguidores. Afinal, o mestre em manipulação política tem a obrigação de pesquisar os objetivos, perfil cultural e intelectual do público-alvo, para que assim possa disseminar o conjunto de ideias que pretende introduzir no âmbito da sociedade.

Os itens que estamos comentando neste exemplar, não são privilégios apenas do Brasil. Em qualquer lugar do mundo as classes sociais mais pobres estão na lista das prioridades dos manipuladores, principalmente aqueles que estão abaixo da linha da pobreza. Isto porque, nesses meios estão as mentes mais vulneráveis que são os jovens e trabalhadores que se sentem injustiçados. Esses tipos assimilam e aceitam com extrema facilidade, as teorias e promessas, que sirvam para enaltecer ou alimentar o ego e a esperança por uma vida melhor. A arte da manipulação é infalível e deve ser aplicada por qualquer militante devidamente capacitado para essa missão. Os cérebros receptores é que devem estar atentos para analisar o que está certo ou errado.

O que é democracia? Pelo menos de acordo com o que está escrito nos dicionários representa o maior dos sonhos de qualquer nação. Governo do povo, soberania popular, significa também, doutrina ou regime político baseados nos princípios da soberania popular e da distribuição equitativa do poder.

A palavra democracia é pronunciada de forma aleatória e é vulgarizada por todos os segmentos sociais e políticos. Afirmamos isto porque na prática, os procedimentos de líderes e militantes desses meios, são controversos e se aproveitam da ignorância popular para desenhar um desempenho ilusório, e assim garantirem seus propósitos espúrios através do voto das pessoas simples e despreparadas.

No Brasil em nome da democracia foi criado o pluripartidarismo, mas somos obrigados a aceitar a contraditória cláusula de barreira. A palavra já revela claramente o objetivo, que é o de oferecer um grau elevado de dificuldades para aqueles que pretendem organizar um partido ou se manterem no meio de forma lícita. O que mais impressiona é ouvirmos de veteranos da política a afirmação de que isso faz parte do processo democrático. Afinal, o que está por trás dessa norma absurda e que caminha no sentido inverso da verdadeira democracia? Uma coisa é certa, isso não nasce da essência democrática e o que está oculto nessa exigência é uma armadilha para atrelar aos poderosos que já estão no comando, os novos pretendentes, que aceitam e se curvam diante desse absurdo. O que está faltando é o sangue fervescente dos verdadeiros revolucionários que, ao que parece não existem mais, para protestarem e lutarem pela queda definitiva disso que podemos chamar de abuso cometido contra os princípios democráticos.

É lamentável, mas o idealismo legítimo parece ter perdido a guerra para o colorido das cédulas e a fantasia dos elevados cargos nas esferas do poder.

Aqueles que deveriam lutar pelo fiel objetivo democrático travam uma verdadeira batalha para alcançarem as metas exigidas de forma abusiva e que, em alguns casos pode ser considerada inconstitucional e ainda auxiliam indiretamente, os infratores, que se utilizam desses artifícios para se manterem no poder sem serem molestados por aqueles que se apresentam com novas ideias e práticas amparadas pela democracia legítima.

Quem acompanha os noticiários sabe que em todos os lugares existem indivíduos que fazem manifestações exigindo direitos iguais para todos. Mas o que nos deixa mais tristes é que paralelamente a isso, inúmeras pessoas são execradas por questões políticas, raciais ou credos. Em alguns países indivíduos são forçados a adotarem comportamentos adversos às suas vontades, porque a lei, que somos obrigados a aceitar, "democraticamente", impõe seu rigor.

Democracia é o tapete mágico que transporta os sonhos e desejos de um povo ávido por direitos iguais e justiça social. Porém, na pratica, para algumas nações, pode ser comparada à história de branca de neve e os sete anões, que serve apenas para iludir cérebros juvenis e despreparados. Aliás, no Brasil, por exemplo, se indagarmos a alguém sobre o significado da palavra democracia, imediatamente ouviremos a resposta mais inocente que alguém pode proferir: É o direito de votar. Portanto, diante dessa demonstração evidente da falta de politização e conhecimentos gerais, fomos obrigados a dedicar, este capítulo, para tratar do tema, mesmo que em poucas linhas.

Se fizermos uma reflexão sobre o que está escrito nos parágrafos acima e se observarmos o relacionamento entre os poderes, e o povo de uma maneira geral e não apenas dos brasileiros, mas também de todas as nações, veremos que existem contradições enormes, entre os artigos escritos nos termos das leis, as autoridades responsáveis pela aplicação das mesmas e o cidadão, que é o legítimo mantenedor dos sistemas, através do seu trabalho e contribuições financeiras como taxas e impostos que na maioria das vezes são exorbitantes e desnecessários.

Para que possamos qualificar um País como sendo plenamente democrático, se faz necessário que o mesmo tenha uma participação mais efetiva da população, principalmente no que diz respeito à criação e aplicação de leis, assim como as decisões políticas e judiciárias, pois a falta de respeito e abusos cometidos por alguns indivíduos que compõem as esferas do poder ultrapassa os limites da ética e da moral.

No Brasil acontecem coisas que servem até para nos fazer rir. Exemplo: o cidadão brasileiro é "obrigado a exercer o ato democrático do voto". Se assim não o fizer estará passivo de várias penalidades. Não poderá participar de concursos públicos, não poderá abrir contas bancárias e outras arrogâncias impostas pela lei. Pergunta-se: Isso é democracia?

Entretanto, mesmo diante de tantos absurdos somos obrigados a reconhecer que o Brasil, já avançou bastante em busca de uma democracia plena, mas ainda precisa conquistar outros espaços importantes que possam conduzi-lo aos caminhos democráticos na essência da palavra.

Sabemos que as classes dominantes fecham todas as portas, e procuram impor todos os métodos espúrios para que essas conquistas não se realizem. Mas o povo precisa ser forte e audacioso, decidido e organizado, para que assim consiga atingir o ápice do sucesso na forma desejada.

Um alerta também se faz necessário, principalmente para a juventude, cuja vitalidade e determinação não podem e não devem ser colocados à disposição dos interesses escusos de indivíduos, Partidos ou facções em nome da democracia.

A juventude tem que saber unir todos os seus predicados positivos em prol de uma causa justa e sagrada, que é a conquista da democracia plena. Porém, devem estar sempre em busca dos patamares da perfeição, ou seja, lutar pela causa, abolindo de forma veemente, a estupidez das drogas e da violência.

Mas no Brasil, tudo é mais difícil, pois aqui é a terra do faz de conta. Como se fala no nordeste do País. Faz de conta que temos política séria, faz de conta que temos democracia. Isso é verdadeiramente o Brasil. O paraíso universal, onde todos são felizes, e assim serão para sempre. Pois basta uma bola rolar e os tamborins ecoarem nas avenidas do samba, para que todas as mazelas da vida sejam esquecidas e os governantes continuem a fazer suas trapaças em nome da democracia.

É impossível viajar pelo Brasil e não ficarmos maravilhados com a diversidade de riquezas e belezas naturais que este País possui, desde as entranhas da terra ao puro encanto da alma das pessoas.

O subsolo brasileiro esconde jazidas minerais quase que inesgotáveis, e quando uma mina começa a apresentar sinais de escassez, outras vão sendo descobertas em lugares inesperados. São inúmeras fontes que a nossa memória não consegue lembrar. Se sairmos das entranhas da terra e mergulharmos na essência do povo brasileiro, nos sentimos na obrigação de comentar sobre a diversidade cultural e a alegria de nossa gente que é algo fenomenal. São vinte e sete Estados com seus ritmos musicais próprios, adquiridos pelos invasores, que os livros didáticos qualificam como descobridores, ou seus descendentes primitivos, e somam-se a isso, seus costumes e superstições.

O Brasil que é comentado mundialmente pela simpatia do seu povo e belezas naturais é também reconhecido por ser o País de todos os credos. Mas existe um fator preocupante, é que todas essas qualidades atraem riscos de todos os lados. Para que o leitor possa ter uma ideia mais clara sobre o que queremos enfocar, devemos analisar o seguinte fato. Desde o ano de 1500, época em que o Brasil foi invadido pelos Portugueses, que vem sendo sugado e explorado, no sentido real da palavra, de forma devastadora e criminosa.

Segundo a história contada nos livros didáticos, os portugueses, foram os primeiros a chegarem por aqui, ou seja, os primeiros a tocarem com suas mãos sujas em toda nossa riqueza assassinando homens, mulheres e crianças, nativos que aqui já estavam, (refiro-me aos nossos índios). Um indivíduo cujo nome era Pedro Álvares Cabral que veio para a nossa terra chefiando um bando de saqueadores, foi o responsável por abrir os caminhos para a roubalheira desmedida que até hoje prevalece, agora com o apoio dos homens de colarinho branco, que herdaram ou aprenderam com perfeição a arte prostituta trazida de Portugal. Alguns elementos travestidos de políticos, empresários, doutores ou qualquer outro cargo relativo ao poder, conspiram contra a Pátria, sob os auspícios das famigeradas propinas, como participação nas negociações ilícitas e outros métodos de favorecimentos escusos. Apesar de sofrer as agressões dessas sanguessugas que querem apenas tirar proveitos do carisma e hospitalidade de sua gente e fazerem suas fortunas usurpando suas jazidas de forma indiscriminada, este paraíso chamado Brasil, consegue, apesar dos séculos, se manter na trilha das nações que buscam o desenvolvimento, dentro dos padrões da modernidade e da legalidade.

Aqui, não sofremos os efeitos dos fenômenos revoltosos da natureza, não temos loucos, travestidos de governantes para promoverem guerras, pois a nossa missão e prazer maior é levar ao mundo a nossa alegria e solidariedade. Mas infelizmente temos pessoas de caráter duvidoso, que consegue chegar ao poder para dar continuidade à herança podre adquirida dos primeiros seres estranhos que por aqui chegaram.

Os noticiários internacionais mostram que as demais nações estão vivendo momentos terríveis, que mais parecem uma agonia final, catástrofes e conflitos que abalam as estruturas emocionais dos homens, por mais fortes que pareçam ser. Indivíduos que matam inocentes em nome de divindades, e que em um ato de estupidez ignoram a miséria e estupram a inocência, daqueles que são apenas objetos utilizados para alcançarem seus desejos espúrios e ganância sem precedentes. É doloroso saber que existem seres humanos que possuem um comportamento animal e assassino, e que são capazes de atitudes suicidas, que na nossa forma de analisar os fatos é a maior estupidez que a humanidade pode registrar nos anais de sua história. Ainda bem que não temos isso por cá, e que Alá, os mantenham bem por lá.

Aqui temos bandidos. Isso acontece porque os governantes permitem. Mas aqui, um dia de sol oferecido pela mãe natureza é tudo que queremos para louvar a vida nas areias de nossas praias, admirando o mar e a beleza indiscutível de nossas mulheres, que para nosso deleite, possuem belos sorrisos e corpos perfeitos.

Aqui tem corruptos. Sim, porque os políticos desejam que assim seja e o povo permite, porque é irresponsável e também corrupto na hora votar.

Mas aqui tem carnaval, a maior festa popular do planeta.

Aqui também, tem fome, tristeza, crianças carentes menores que praticam a delinquência. Isso acontece porque os governantes permitem e o povo é omisso e passivo diante de fatos que exigem uma ação popular.

Ah! Mas aqui tem futebol, onde uma simples bola de couro ao rolar de pé em pé faz a fortuna de poucos, a alegria de muitos e a fantasia de outros.

Aqui a corrupção impera. Mas como já afirmamos em capítulo anterior, não podemos esquecer que aqui também temos democracia. Democracia? Vamos procurar entender. Democracia é tudo que uma nação evoluída deseja ter para uma perfeita convivência em sociedade. Mas no Brasil é a fada madrinha de políticos corruptos e o voto do cidadão é o bastão que lhes permitem fazer as peripécias escusas em benefício próprio e das quadrilhas que integram.

O que escrevemos neste capítulo, para alguns indivíduos pode até ser entendido como um devaneio, mas é simplesmente o resultado de observações do comportamento das pessoas através de contato direto realizado pelo autor desta obra em militância partidária.

E entre tantas questões que foram analisadas está o comportamento do cidadão comum em relação à política. E dessas análises conseguimos transformar cada perfil em aulas de política, sociologia e cidadania, e cada indivíduo observado é por analogia um capítulo especial e que merece toda nossa atenção e o que faz da nossa militância no setor, a melhor de todas as faculdades, com ensinamentos práticos e perfeitos.

Em nossa rotina diária e sempre em contato direto com as pessoas, ouvimos comentários e críticas veementes sobre procedimentos considerados certos ou errados que foram praticados por alguém ou por nós mesmos. Assim como ouvimos afirmações de que o erro é natural do ser humano e que devemos aceitar como lição, para que possamos proceder corretamente no futuro. Mas às vezes somos completamente envolvidos por pensamentos que nos levam a fazer algumas indagações a nós mesmos, por exemplo: Tratando-se de política será que as coisas são verdadeiramente assim? A resposta é, não. Pois dessa forma estaríamos buscando apenas uma justificativa para encobrir nossa falta de atitude, ou estaríamos trafegando no sentido contrário da praticidade política, onde o certo e o errado têm a mesma importância. Seria essa a observação que deveríamos fazer nos procedimentos diários.

Nas páginas deste exemplar procuramos fazer apenas, breves comentários e relatos sobre alguns procedimentos dos meios da política que consideramos coisas simples, mas que merecem destaque, pois as ideias contidas nesta obra têm por finalidade auxiliar militantes, que de uma forma ou de outra, tentam alcançar seus objetivos. Mas também sabemos que algumas mentes retrógradas, com certeza reprovarão, porque na ótica deles os procedimentos podem ser ilícitos. No entanto, temos a certeza de que, indivíduos que se consideram ícones deste segmento e que se julgam dotados de conhecimentos, segundo eles, acima da média, também podem se revestir de arrogância e subestimar os fatos.

Para aqueles que pensam de uma forma retrógrada, uma pergunta deve ser feita: O que devemos fazer quando podemos dispor de uma boa arma para um combate? Demonstrar preocupação com sua origem, ou seus efeitos ao utilizá-la, lutar ou perdermos a disputa? Para aqueles que se sentem senhores da situação e acima de qualquer suspeita a indagação é a seguinte: Alguém questiona que a teoria do certo e do errado é uma questão de conceito, e que às vezes simplesmente circunstancial?

É óbvio que se falarmos desses temas para pessoas que sejam acostumadas a agir com frieza e capacidade profissional, seja qual for a sua área de atuação, e que esteja obstinada para alcançar o que pretende, certamente não irá considerar esses tópicos, como temas ultrapassados, nem condenar sua prática. Não queremos afirmar que em todos os casos, os fins justificam os meios, mas as práticas e necessidades do cotidiano deixam evidentes que tudo é uma questão de interpretação.

A história universal confirma e não podemos ignorar. Os indivíduos mais importantes e grandes vencedores são livres de preconceitos e dos temores. Pois estabelecem seus próprios paradigmas, pois são pessoas decididas e que sabem lutar para alcançar suas metas.

Este é o comportamento perfeito, pois quando estamos em luta por grandes conquistas e evolução, não importam os segmentos aos quais estejamos atrelados, devemos buscar sempre as alianças com elementos de conhecimentos e decisões firmes, nunca hesitar em falarmos ou escrevermos tudo o que pensamos e entendemos ser a pura realidade e fato verdadeiro. Isso comedidamente é óbvio. Assim seremos observados com maior respeito por aqueles que estão em nossa volta e por futuros parceiros de negócios que possamos empreender.

Mas é válido lembrar aos incautos que, quaisquer atitudes que demonstrem pensamentos e sentimentos preconceituosos, sejam religiosos, raciais ou associadas ao poder político, podem conduzir a atos insanos e repudiáveis.

O respeito aos paradigmas alheios, às leis e aos dogmas praticados por qualquer pessoa deve existir sempre. Mas o nosso lado polêmico deve ser exaltado, ou seja, com a coragem de emitir nossas opiniões publicamente e sem temer as consequências. Por isso, convidamos o leitor para compartilhar, debater e conhecer as ideias, paradigmas, pensamentos e segredos que aqui estão comentados e relatados nas linhas que compõem esta obra.

É evidente que o leitor tem todo direito de concordar, ou não, com o conteúdo dos temas transcritos nestas páginas. Mas para isso se faz necessário que o mesmo faça uma análise profunda e compare com os fatos atuais e passados, observando sempre os lados da praticidade e da realidade, sem misturar idealismos, sentimentalismos, ou falsos moralismos, pois esses itens podem conduzir o ser humano a devaneios perturbadores. Somente assim terá condições de fazer uma análise do que é certo ou errado.

Apesar de sermos um povo que vive constantemente em busca de evolução, milhares de indivíduos ainda permanecem sob o véu das dúvidas, e com certeza ainda não sabe quem manda e qual a maior fonte de poder do País e por que as questões políticas, assim como as nossas leis, são elaboradas com artifícios exclusivos para dificultar o acesso e a compreensão por parte dos legítimos patrões, que são os cidadãos contribuintes? Ora, o que todos sabem é que a esfera política do Brasil é composta pelos poderes, executivo e legislativo, e que seus componentes são eleitos para administrarem e defenderem os interesses da nação. O poder judiciário aparece para completar o núcleo dominante. Os três juntos deveriam lutar de forma incansável pela manutenção da ordem e progresso, palavras que representam o desejo de todos os cidadãos e que estão explícitas na Bandeira Nacional. Mas diante da corrupção ativa nesses meios e do inconcebível desrespeito às leis surge a inevitável falta de credibilidade desses poderes e o povo faz a si mesmo a pergunta. Quem manda no Brasil e em quem confiar?

Essa dúvida existe porque os direitos explícitos na Constituição Federal aprovada no ano de 1988, também conhecida como Constituição Cidadã, além de não serem respeitados, em muitos casos, beneficiam infratores, e o que é ainda mais grave, é que até a presente data já recebeu dezenas de emendas, e existem outras 1500 propostas tramitando no congresso para novas alterações, o que transforma a nossa carta magna em um emaranhado de letras com distorções e contradições que confundem e provocam o descrédito em todos os brasileiros. Pois a maioria das alterações sugeridas por essas emendas, têm objetivos exclusivos, o de proporcionar benefícios a pequenos grupos dominantes, e interesses particulares.

Nos parágrafos acima, afirmamos que a República Federativa do Brasil é legalmente comandada por três poderes distintos e harmônicos entre si, o Legislativo, o Executivo e o Judiciário. Mas chamamos a atenção do leitor para o parágrafo seguinte, porque entre eles esconde-se o primeiro grande motivo da falta de credibilidade e contradição constitucional.

Nos textos que tratam dos princípios fundamentais, da nossa carta magna, no Art. 1º em parágrafo único diz o seguinte: Todo o poder emana do povo, que o exerce por meios de representantes eleitos, direta ou indiretamente, nos termos desta constituição. São palavras simples, cujo significado tem fácil entendimento, no entanto, apenas os componentes dos poderes, Legislativo e Executivo, são eleitos pelo voto popular, isso não acontece com os nobres senhores que ocupam as funções de comando no judiciário, que se dizem amparados pelo complemento do parágrafo quando se refere aos eleitos pelo voto direto ou indiretamente por indicação política. Ora, este erro já deveria ter sido corrigido há décadas, pois se alguém assume um poder indiretamente, com certeza não foi a vontade popular que o colocou no cargo. Isto concede ao cidadão o direito de fazer indagações e críticas, pois, para um País que almeja alcançar a Democracia plena, esse procedimento está equivocado, e se o poder emana do povo, pelo menos os seus titulares deveriam ser escolhidos pela voz popular através das urnas. Mas de uma coisa o leitor pode ter a certeza. Eles se acham certos e se forem questionados diretamente sobre o tema, irão se posicionar de forma autoritária e arrogante, o que é um procedimento normal dos membros desse segmento, e sem dúvida alguma, procurarão encontrar subsídios jurídicos para justificar o injustificável.

No Brasil o poder Executivo e o Legislativo deveriam trabalhar harmoniosamente e devidamente interligados por temas de fundamental importância para a sociedade. Mas não é isto que acontece, pois se preocupam apenas com o que é expressivamente importante para a manutenção do governo, os interesses pessoais de cada parlamentar e em último lugar é que vem os trabalhos para a coletividade. Mas, se observarmos com atenção, veremos que não precisa ser nenhum gênio para começar a entender os motivos que provocam a queda na credibilidade política Nacional, e o que faz suscitar dúvidas na maioria das pessoas, pois os projetos de amplitude coletiva que deveriam ser os objetivos singulares dos eleitos perdem a importância se não forem satisfatórios aos interesses pessoais daqueles indivíduos que foram eleitos para defenderem os interesses da sociedade.

As emendas à Constituição, assim como às leis que deveriam regulamentar segmentos sociais, não são elaboradas com clareza, e na maioria das vezes não existe o rigor necessário para a aplicação das mesmas. Pois o que deveria servir para impor a ordem e o respeito serve apenas para favorecer setores do alto escalão do governo, partidos políticos ou interesses de indivíduos influentes ligados ao poder. Se não bastassem esses absurdos, ainda somos obrigados a engolir a prática antidemocrática que é a tal interpretação dos juízes sobre as leis. Afinal, a lei foi criada para servir de parâmetro, ou para ser aplicada de acordo com a sua redação de uma forma igual para todos? Até parece ironia, mas o grande problema do Brasil, e que favorece as classes dominantes é o lado pacífico e ordeiro do seu povo, que, tentando evitar conflitos internos, apenas observa as aberrações que ferem a nossa Constituição e agridem a consciência popular. Atos praticados por autoridades políticas e judiciárias que de forma arrogante, comportam-se como senhores acima do bem c do mal, e proprietários dos pobres e indefesos cidadãos que contribuem através de impostos para o pagamento de seus elevados salários.

Diante desse quadro urge a necessidade de questionar os senhores doutores da lei e políticos de uma forma geral sobre a conduta dos mesmos e por que não fazem uma análise mais racional sobre essa situação e vejam que eles nada mais são, do que empregados dos pobres indivíduos que trabalham incansavelmente para sustentar suas famílias e que sofrem o peso quase insuportável de uma tributação injusta e implacável. Se os homens da gravata e da toga resolvessem apenas fazer e cumprir a lei, apenas isso, com certeza a ética e a moral das autoridades brasileiras não estariam sendo alvo da desconfiança de todos.

Os detalhes que relatamos acima servem para que o leitor possa começar a dissipar suas dúvidas referentes a algumas indagações que permeiam sua mente. Para que assim possamos rasgar o véu e começar a conhecer a maior fonte de poder do Brasil é preciso apenas que façamos um acompanhamento de procedimentos simples em uma eleição, e nas práticas dos eleitos que passam a se sentirem senhores absolutos do poder. O povo elege os componentes do legislativo que criam as leis e do executivo que sanciona para que tenha validade. O judiciário terceiro poder do País tem a obrigação de fazer cumprir. Como podemos observar, é o povo que outorga os poderes a essas categorias através do voto.

Os cidadãos brasileiros precisam se conscientizar que ele é quem elege e mantém os poderes da união através dos impostos descontados diretamente dos seus salários, ou embutidos nos preços das mercadorias e serviços a seu dispor. Neste contexto estão incluídos também os empregadores que também têm seus interesses diretos nas práticas do sistema, são eles que também contribuem para movimentar, sutilmente, mesmo que não saibam toda a engrenagem política de uma nação.

Os empresários recolhem seus impostos e obrigações sociais, além dos salários para funcionários que também são obrigados a recolherem percentuais aos cofres públicos. Este mecanismo forma a principal fonte de arrecadação de um governo. E são desses recursos que o Estado paga os altos salários aos políticos, juízes e demais funcionários da união.

Tendo em vista que uma empresa para funcionar e assim gerar recursos, precisa da mão de obra, e o governo para dispor de uma arrecadação suficiente para fazer a máquina administrativa funcionar, depende da classe empresarial e contribuição do cidadão, começamos a entender o Art. 1° em parágrafo único da constituição que afirma que todo o poder emana do povo. E por isso deveria ser no mínimo, respeitado e tratado com prioridade, pois não restam dúvidas quanto a sua força e importância. Mas as pessoas estando literalmente dominadas pelas necessidades físicas, financeiras e ignorância política permitem a inversão do comando e se curvam complacentes, diante dos procedimentos abusivos dos membros que compõem o Executivo, o legislativo e o judiciário.

Portanto, a maior fonte de poder do Brasil é o seu povo, mas o seu poder está adormecido e envolto pelos lençóis da ignorância e essa é também a força oculta que favorece os indivíduos mal-intencionados que integram esses meios, pois grande parte da população vende seu voto por uma cesta básica, ou qualquer outra engodo oferecido pelo governo ou candidatos, ninharias que não lhes servirão para trazer soluções definitivas, e para complicar ainda mais a situação, ao votar, não consegue enxergar que está assinando uma procuração outorgando poderes absolutos para indivíduos, cujos interesses pessoais estão na lista de suas prioridades, e ele o pobre cidadão, que possui o verdadeiro poder nas mãos e que permanece dormindo e envolto pelo véu da ignorância, será lembrado apenas no próximo pleito, e neste momento é que descobrirá que serviu de uma simples peça para montagem do jogo do poder.

Neste capítulo mencionamos e comentamos sobre inúmeros itens que funcionam e movimentam as esferas do poder. Mas chamamos a atenção do leitor para que faça uma análise dos acontecimentos políticos através dos tempos e a realidade social de cada povo, e com certeza chegará à mesma conclusão.

Em 2010, o Brasil concedeu o maior exemplo que confirma as teses contidas neste exemplar. Pesquisas realizadas pela ONU (Organização das Nações Unidas), assim como outras entidades mundiais, revelaram que o nosso País está entre as nações com os mais baixos níveis de educação do planeta. A saúde pública Nacional é uma das piores do continente. A questão de segurança dispensa comentários, pois os noticiários na imprensa escrita, falada e televisada, oferecem diariamente os noticiários que registram números assustadores de violência contra o cidadão e que superam as guerras no oriente médio.

Neste mesmo período aconteceram eleições para o executivo e legislativo, nas esferas Estaduais e Federais. O Partido do governo federal, que já comandava a nação por oito anos, portanto, também responsável pelas calamidades sociais mencionadas no parágrafo acima, conseguiu fazer o sucessor. Um fato impressionante. Mas de uma coisa podemos ter certeza, se essas eleições fossem realizadas em um País de uma cultura política, no mínimo mediana, esses personagens teriam que se contentar com o merecido último lugar da fila.

As observações contidas neste capítulo servem para confirmar a nossa tese de que as maiores fontes disseminadoras do poder no Brasil são a miséria e o analfabetismo político da maioria do nosso povo, que assim permanecem por vontade espúria e criminosa daqueles que ocupam as esferas do poder e que não têm o mínimo interesse em alterar o panorama atual, pois esses estágios críticos da sociedade são garantias de sua permanência nas esferas do poder.

A magia que o poder político exerce sobre as pessoas provocam delírios, não existem palavras para descrever, a verdade é que este segmento é o alvo dos desejos de muitos indivíduos que na maioria das vezes vivem no anonimato e envolvidos pelas ondas utópicas das aspirações por grandes conquistas. Isto porque, escrever o nome nas páginas que registram a história de seu País é algo que fascina qualquer ser humano, independente do seu nível cultural ou social.

A face oculta do poder político possui as essências do bem e do mal e as ferramentas transformadoras de todas as coisas terrenas, incluindo-se, até mesmo, o caráter de cada indivíduo e por isso o militante precisa estar sempre vigilante, para não permitir que forças estranhas venham a transformar sua conduta e lhe desviar da ética.

Na militância política o homem aprende os segredos da sociologia, gramática, matemática, entre outras ciências. O mais importante é que o mesmo, além de conhecer a história da sua gente, aprende a escrever a sua história.

Não importa a função para a qual um indivíduo consiga eleição a magia do poder revela sua força fantástica, mostrando o que pode surgir e ser transformado na vida de um político, pois lhe traz às mãos tudo que almeja com extrema facilidade. Mas é exatamente neste ponto onde reside o maior perigo, porque o deleite oferecido pelo doce sabor das conquistas pessoais pode conduzi-lo aos perturbadores caminhos da ganância e do holocausto de suas ideias e ideais.

Este capítulo revela o que todo e qualquer político tem a obrigação de saber, ou seja, conhecer profundamente os segredos das ciências políticas, evitar o domínio asqueroso da ganância e do individualismo, colaborar sempre com as ideias e projetos dos outros para que os seus também possam ser aprovados e, aprender a técnica perfeita para o emprego das palavras, e dessa forma conseguir manter elevado o nível das parcerias e dos diálogos, e se manter de forma clássica, evitando os conflitos desnecessários.

"Na enigmática matemática da política,
Quem ganha mais é aquele
Que melhor sabe dividir". *

A metáfora acima faz uma afirmação que pode ser aplicada para todas as esferas políticas e em qualquer parte do mundo, principalmente por àqueles que ocupam cargos executivos, pois é certo que devem priorizar os aliados, mas os adversários de campanha, mesmo que tenham adotado um comportamento radical e agressivo, devem ser convidados para negociar sua participação nas esferas do poder. Aliás, ninguém reclama por comida se o intestino estiver saciado.

No Brasil, o Ex-Presidente Luiz Inácio Lula da Silva foi o maior exemplo de que nossa tese está correta, pois os ministérios e demais cargos de confiança do seu governo foram distribuídos entre os aliados diretos e alguns que eram declaradamente seus adversários e que lutavam de todas as formas para manchar a sua imagem diante da opinião pública. E para que possamos entender melhor essa questão e afastar a impressão de que estamos exagerando no tema, vamos relembrar a campanha presidencial de 2002.

Na época o então candidato de oposição Ciro Gomes fazia discursos com palavras agressivas contra o mesmo e em suas oratórias afirmava que, quem quisesse atear fogo no Brasil de ponta a ponta, bastava votar no Lula. E o que estamos relatando neste capítulo não é uma acusação leviana, pois este discurso foi veiculado no horário da propaganda eleitoral gratuita, no rádio e na TV. Mas isso não importa, o que interessa mesmo é que os dois se transformaram em grandes amigos e o Ciro Gomes virou ministro do governo Lula. É a face oculta da política, que revela a magia dominante do poder! A ideia do jogo do ex-presidente não foi ruim, o problema estava na soberba do comando e nas peças do tabuleiro, que revelou a face oculta do sistema.

Um tema que sempre esteve na pauta dos debates do universo político deste País continente, é a governabilidade, que para ser conquistada é preciso saber dividir e acomodar sob as asas mágicas do poder, aqueles que são declaradamente os adversários em potencial.

Um detalhe importante e que também precisa ser observado, é que nos moldes atuais as práticas aplicadas neste segmento, não surpreendem a ninguém, nem mesmo os mais antigos, pois a tal governabilidade pode ser a camuflagem para a manutenção de um indivíduo ou Partido político no poder, porque para estes, o mais importante não é governar e administrar a causa pública de forma séria e objetiva, mas se manter no sistema. Para isso, fazem o jogo de cena para os milhões de analfabetos políticos que aceitam tudo como um procedimento normal e se calam em troca das migalhas oferecidas pelo líder maior.

Este capítulo é apenas um minúsculo tópico sobre um tema complexo e riquíssimo em detalhes que seria necessário escrever uma enciclopédia para tratá-los de forma mais abrangente. Mas o que escrevemos, mesmo que em poucas linhas serve para mostrar ao leitor as células dominadoras da magia do poder.

* Pensamento extraído do livro, RETRATOS DE
UM CÉREBRO

Uma das coisas que todo cidadão que possua o mínimo poder de discernimento, já deve ter observado é que os valores sociais estão a cada dia perdendo sua importância, assim como os compromissos políticos e de credos estão se transformando cada vez mais, em mecanismos que são utilizados apenas para favorecimentos ilícitos ou a manutenção no poder de indivíduos de conduta infame. O que tem contribuído para o desequilíbrio social da humanidade nos últimos tempos.

As religiões e seitas espalhadas pelo mundo, que deveriam adotar métodos para uma postura exemplar, e uma participação ativa no direcionamento dos indivíduos nos caminhos da retidão e dos bons costumes, invertem o que deveria ser um sequencial de ensinamentos iluminados, por verdadeiras chantagens espirituais, aplicadas através de táticas apelativas, disseminadas por um vernáculo hábil dos seus líderes, que transformam a fragilidade mental e as necessidades humanas, em vias infalíveis para adquirirem seus donativos financeiros e patrimoniais e conquistarem a credibilidade necessária para a infiltração em outros segmentos sociais, inclusive, nas esferas do poder político.

A busca incansável por dias melhores para suas famílias faz com que as pessoas se transformem em verdadeiras criaturas robóticas. Pois se transformam em indivíduos frios, que, em vez de um sentimento de amor e dedicação afetiva aos seus entes queridos, têm suas mentes ocupadas apenas pelos desejos das conquistas individuais e das posições superiores da sociedade cm que vivcm. O que mais impressiona é que, para todos os indivíduos, tudo parece simples e natural, pois dentro do processo da evolução no mundo atual, essas alterações estão sendo consideradas normais, pois é o sistema que exige das famílias uma dedicação persistente, na luta por conquistas de posições e patrimônio. Fazendo com que os princípios domésticos para a construção de cidadãos livres e de bons costumes sejam colocados no baú do esquecimento.

Em um passado não muito distante, sentíamos um prazer enorme quando lutávamos para adquirir o material escolar e enviar nossos filhos para as salas de aulas. A possibilidade de uma formação exemplar era a maior esperança dos pais, e as universidades preparavam os respeitáveis doutores nas ciências. Mas a velocidade sutil e estúpida da modernidade faz com que as escolas, de um modo geral, criem apenas os limitados técnicos, e a função de moldar cidadãos com paradigmas exemplares, passou a ser apenas uma palavra que consta apenas em seus arquivos.

Os meios de comunicação de massa, como o rádio, a TV e a internet, por exemplo, têm suas participações nesse caos social, que podemos considerar quase incorrigível. Pois mostram apenas o trágico, o escandaloso, o efêmero e o lúgubre, de forma insinuante e persuasiva para tais itens. Ah! Mas o leitor pode alegar que a constituição Brasileira garante a livre manifestação de pensamentos e ideias, no que concordamos sem resquícios de dúvidas. Mas se assim é, poderíamos sugerir aos magnatas da comunicação Nacional e excelentíssimos senhores da lei e da política, que tudo podem e nada fazem, respeitar e apoiar as manifestações populares, que também exigem mudanças nesses meios em respeito ao cidadão. E porque não as que estão contidas neste exemplar também e em especial, neste capítulo, onde lançamos o nosso repúdio contra o caos social que prolifera pelos quatro cantos do nosso planeta, sobretudo no Brasil.

Como não poderia ser diferente, a classe política, não tem como ficar de fora desse texto, pois os mesmos ocupam-se apenas do que lhes é interessante para a sua manutenção no poder. Dessa forma aplicam táticas inteligentes para isolar a maioria, nos currais da ignorância e do analfabetismo político, pois são esses que lhes garantem as vitórias nas urnas.

O silencioso caos social a que nos referimos e que impera entre as nações é diferente daquele que provoca desordem e manifestação popular declarada em via pública. Este, ao qual nos referimos solta um grito ensurdecedor e tem origem em uma barriga que sente fome, e associado à falta de inúmeros itens para suprir suas necessidades básicas, fica à mercê dos aproveitadores de plantão e aceita o engodo oferecido por infames que afirmam ser, esta atitude mesquinha, a forma correta de fazer política.

Estes são os motivos e o resultado é a criminalidade crescente, a prostituição, a fome, corrupção, miséria e outros incontáveis itens degenerativos da sociedade. Mas, para os indivíduos que compõem o poder, tudo isso faz parte do processo e se comportam como se nada estivesse acontecendo diante dos seus olhos. Esses fatos escandalosos, mesmo que sejam reais são considerados apenas detalhes, pois para estes, o que interessa mesmo são suas conquistas.

Em países de grandes dimensões territoriais, como o Brasil, China e Rússia, a maioria da população é composta por pessoas que vivem na faixa da classe média para baixo, sendo que em alguns desses o maior percentual deste grupo é formado por pobres, ignorantes e nativos que vivem a penúria de suas vidas sob o jugo dos poderosos do mundo capitalista e da força individual de políticos. Os trabalhadores mal remunerados são o alimento desses monstros do colarinho branco, que fazem suas fortunas pelas vias de suas misérias. Para estes o caos social é arrasador e quase incontrolável.

Este é o terreno perfeito e fértil, para a ação dos expertos, que, desnudos das vestes ocultas da sensibilidade humana, do caráter e do pudor, impõem seus métodos sutis de convencimento e dominação das classes sociais inferiores. Pois essas pessoas são escravizadas por suas necessidades e não conseguem enxergar que esses indivíduos, oferecem o pão com a mão direita enquanto que a esquerda, segura o tridente.

Qualquer cidadão que tenha intenções de se candidatar a cargos das esferas políticas, não deve ignorar os detalhes contidos nesta obra, pois o eleitor é volúvel e vulnerável por natureza, mesmo sendo a vítima do caos provocado por aqueles que são os dominantes das esferas governamentais. E o que é ainda pior é que basta uma simples declaração pública de um governante sobre qualquer tema, para que altere seus pontos de vista em relação ao mesmo e a direção do seu voto, não importando também a situação pessoal em que se encontre.

A maior prova de que as análises e opiniões contidas neste livro, não estão equivocadas, vem através dos institutos de pesquisas, que nos períodos das campanhas eleitorais, divulgam dados sobre intenções de votos a cada três ou quatro dias, principalmente se surgirem fatos novos, ou se alguém entre os participantes, proceder, ou falar algo que possa provocar algum tipo de impacto junto à sociedade. E quase sempre, os procedimentos e acontecimentos impactantes do mundo político são arquitetados para esta finalidade. Uma pesquisa de opinião pública sobre as intenções de votos em uma campanha eleitoral tem um custo bastante elevado, mas é sem dúvidas, um fator que pode ser decisivo para um candidato em relação aos demais. Pesquisas são fórmulas lícitas de apresentar dados que servem para ludibriar o eleitor, seja ele supostamente esclarecido ou não. Mesmo que os itens divulgados não representem a verdade. Porém, é um item indispensável para o perfeito funcionamento da indústria do voto. Porque em uma eleição, as pesquisas têm um efeito silencioso, porém, devastador. Pois a maioria dos eleitores está alojada na classe média e nas demais inferiores. Pessoas que certamente possuem algum tipo de carência a ser suprida, e certamente, onde vamos encontrar o maior número de analfabetos políticos e indecisos, propensos à dominação com a maior facilidade.

Os especialistas em estudos políticos sabem perfeitamente, que tudo o que aqui está escrito representa a verdade e evidentemente possuem os mecanismos que devem ser aplicados para a conquista desse espaço e qual a maneira correta, de quando e onde aplicar suas táticas, assim como divulgar números e detalhes importantes que servirão para influenciar na manutenção de um sistema político, ou na derrubada do mesmo. A indústria do voto age de forma sutil, manipula números estatísticos e movimenta verbas milionárias.

O maior exemplo disso acontece no Brasil, onde valores absurdos são pagos para institutos de pesquisas e empresas especializadas em organização de campanhas eleitorais e estruturas administrativas para assessorar líderes de governos, para que consigam a melhor forma de ludibriar o eleitorado. São dados estatísticos e outros artigos mentirosos que servem para enfeitiçar o cidadão escravo de suas necessidades.

Mas, para que o leitor não viaje em seus pensamentos apenas com estas informações, queremos alertá-lo que isto é apenas uma minúscula gota d'água em um oceano quase infinito e rico em detalhes inimagináveis. Pois para a classe política, o feio é perder. Portanto, para estes, não importam as dimensões do caos e impõem suas táticas, e também não estão preocupados com o preço a ser pago para atingir o ápice. O que interessa mesmo é a conquista do poder.

Nos dias atuais, os acontecimentos e comentários que somos obrigados a testemunhar sobre procedimentos escusos de líderes políticos em todas as partes do planeta, passaram a ser uma coisa corriqueira e até irritante. Entre tantas lamentações a mais comum é a seguinte: - *As coisas estão cada vez mais difíceis, não dá mais para confiar em ninguém.* Esta expressão faz referência às denúncias de corrupção, desvios de verbas, enriquecimento ilícito de pessoas responsáveis pela administração do tesouro e patrimônio público. Todos sabem que algo precisa ser feito e a voz do povo que é a mola propulsora para esta ação popular transformadora, é tímida e covarde, limitando-se unicamente aos comentários efêmeros.

Mas para que possamos entender melhor esta chaga maligna que prolifera nas esferas do poder público, precisamos fazer uma viajem no tempo, pois desde o início das civilizações que essas coisas acontecem. E se alguém duvidar do que aqui está escrito faça um estudo sobre os Faraós, Imperadores e demais líderes políticos do passado e verá que as práticas atuais são heranças antigas. Os líderes de governo do passado eram cruéis, assassinos e usurpadores sanguinários. Os atos de irresponsabilidade e corrupção praticados pela classe política e também da justiça conivente, que acompanhamos através dos meios de comunicação, não são invenções dos malignos cérebros atuais, e que se julgam senhores das finanças, liberdade, sentimentos e necessidades dos cidadãos. Essa face oculta da política existe desde que o ser humano resolveu viver em sociedade. As diferenças estão nos métodos aplicados para a execução dos projetos pessoais e coletivos, pois naquelas épocas, onde através das masmorras, dos troncos e dos chicotes Imperiais, os poderosos disseminavam o terror sobre os cidadãos dominados, se ouvia apenas a voz que ditava as regras e a plebe, com uma postura inerte apenas obedecia.

Portanto, se analisarmos esse quadro veremos que a política através dos séculos em nada mudou apenas os requintes dos métodos aplicados que sob os auspícios da evolução globalizada é que estão cada vez mais sofisticados, principalmente, as práticas espúrias daqueles que deveriam ser os ícones da respeitabilidade e moralização do poder público.

Atualmente, a forma de administrar da maioria dos governos é vergonhosa, pois promovem verdadeiras farras com recursos gerados pelo cidadão contribuinte, fato que podemos qualificar como silenciosas agressões que chegam aos mesmos de forma sutil e humilhante.

Em 2002 um segmento político que se apresentava como salvador da classe trabalhadora Nacional brasileira conseguiu êxito nas urnas, após algumas tentativas sem sucesso. Porém, o belo tornou-se feio, e não demorou muito para que a decepção surgisse de forma escandalosa, pois o loteamento de cargos no governo, a forma de distribuição das migalhas aos pobres, a blindagem política para indivíduos com gestão duvidosa e corruptos em departamentos públicos e outras incontáveis toneladas de sujeira que foram escondidas em baixo do tapete, serviram para mostrar que todo governo é igual, o que muda é o discurso para ludibriar o eleitorado. Portanto, torna-se evidente que os resultados negativos são inevitáveis e a falta de credibilidade e a instalação do caos social, mesmo que com os esforços do governo permaneçam sem divulgação, protegidos pelas cifras da corrupção.

Em capítulos anteriores fizemos comentários e afirmações sobre as artes e artimanhas do mundo político, coisas e fatos que fazem parte do cotidiano das esferas do poder, assim como da vida ativa de todos os militantes de partidos políticos e que são os ingredientes que produzem o fascínio entre os participantes.

Qualquer membro deste segmento, pelo menos uma vez, em suas ações e afirmações, certamente, já procedeu com fingimento, prometeu e se comprometeu com algo que não poderia realizar e de forma explícita ou disfarçada deve ter mentido. Não há como fugir dessas coisas, pois assim como as rugas e o tempo são inimigos implacáveis para o corpo humano, esses itens, e todos que estão mencionados neste exemplar também são imprescindíveis para a dimensão política.

Mas por que a governabilidade às vezes se torna uma tarefa cada vez mais difícil? Esta resposta é talvez a mais simples de todo o complexo político em qualquer parte do mundo, ou seja, a maioria dos governantes, ou a sua totalidade, desviam suas atenções das práticas e metas principais que fazem com que um líder seja amado e respeitado pelo seu povo e exageram nas artes e artimanhas no sentido de atender solicitações de lideranças aliadas que pretendem se fortalecer politicamente em seus redutos e exigem composições inadequadas para o momento provocando o desvio na administração política.

Não precisa ser cientista político para saber quais os métodos adequados para elaboração de metas de trabalho para qualquer líder de governo, e podemos garantir que se o governante dedicar suas atenções apenas para as metas legais e conseguir fazer com que a maioria das pessoas demonstre a satisfação plena com os serviços prestados, certamente o seu nome ficará registrado nos anais da história de forma altamente positiva e dificilmente irá encontrar opositor com argumentos para derrotá-lo.

É certo que para pôr em prática uma administração política desse nível, é necessário que a ignorância seja abolida e para que isso aconteça, um trabalho para politização da população deve ser aplicado de forma especialmente elaborada para que possa atingir todas as camadas da sociedade, pois se isto não for posto em prática, com a seriedade que essa questão merece os objetivos não serão atingidos e teremos um povo de comportamento ultrapassado e tendencioso que priorizará a iniciativa equivocada que diz... É dando que se recebe. E isso significa que teremos mais desordem e corrupção ainda maiores.

Mas, mesmo assim, em uma nação em que o nível de politização das pessoas é baixíssimo, o procedimento arcaico de campanha ainda funciona com perfeição. E dessa forma, as bolsas e auxílios de todas as ordens garantem a supremacia do líder mesmo que não faça absolutamente nada de concreto.

É evidente que essas iniciativas oferecem vantagens políticas apenas para aqueles que patrocinam, e abre precedentes em todas as instancias e pode favorecer aos lucros indevidos de espertalhões que se aproveitam da necessidade alheia para obter suas vantagens. Existe um ditado popular que diz: cada povo tem o governo que merece. Isso é verdade, porém diante do analfabetismo político e das carências e caráter do eleitorado em algumas nações, podemos afirmar também que: *Cada governo é o retrato do seu povo.*

Para que haja uma revolução inteligente nesse setor da vida humana, faz-se necessário que, tanto povo quanto governo, procure enveredar pelos caminhos da evolução intelectual e do caráter. Somente assim poderemos abolir atitudes nefastas e corruptas.

O leitor já deve saber que, tanto os militantes da classe política que ocupam cargos nas esferas do poder, quanto os senhores do judiciário são revestidos de uma prepotência incomensurável, e se alguém ousar em fazer críticas, com certeza, esses nobres senhores, certamente irão tomar as providências que consideram cabíveis, isso, segundo a ótica ditatorial dos mesmos, para punir a voz que manifesta o pensamento por não concorda com os procedimentos equivocados da política e da justiça, comprometidos com ideologias de ordem inferior.

O que estes senhores não aceitam é a ideia de que a sociedade necessita de uma voz destemida que manifeste o pensamento e os sentimentos dos cidadãos, e às vezes, em atitude arbitrária tentam calar as vozes que protestam contra os abusos cometidos nas esferas do poder. Ignoram de forma grosseira o art. 1° e 220 da nossa carta magna, que determina que todo poder emana do povo e garante o direito da livre expressão e manifestação do pensamento.

Aqui no Brasil, por exemplo, se observarmos uma conversa entre políticos é possível que fiquemos bastante irritados, pois a forma de abordagem dos temas é superficial e cada um que queira demonstrar uma capacidade que às vezes nem existe. E ainda tem também aquela velha história do politicamente correto, onde ninguém fala nada de substancial e fica tudo no meio-termo. Mas para o leitor, que não tem muita experiência nessas coisas políticas, vamos usar da linguagem simples e fácil de entender, ou seja, isso é conversa para boi dormir.

A Bíblia que é o livro sagrado para o cristianismo traz uma frase proferida por Jesus que afirma: Seja a palavra do homem sim ou não. Se assim não for é procedência maligna. Portanto, tendo em vista que somos uma nação reconhecidamente cristã, por que não colocamos em prática este ensinamento perfeito e iluminado?

Não temos dúvidas de que o conceito moral de nossas autoridades constituídas seria bem mais elevado, assim como o reconhecimento popular.

Mas por que será que nossas autoridades públicas não falam e nem agem com firmeza sobre as causas que defendem e nem fazem pronunciamentos diretos e objetivos contra acontecimentos graves contra a sociedade?

A resposta para essa questão pode até ser considerada agressiva, mas a verdade é que, tanto os políticos, quanto as autoridades do judiciário demonstram um medo horrível de entrarem em confronto, uns com os outros e então começam a fazer a política do meio-termo. Aquela situação em que o indivíduo está presente em algum lugar, apenas para fingir que se interessa pelo que se apresenta no momento e quando comenta ou é convidado a opinar sobre qualquer coisa, procura sempre falar muito sem dizer absolutamente nada que lhe comprometa. É a tal história do politicamente correto, que de correto não tem nada, mas agem assim para não assumirem compromissos e evitar conflitos sociais ou partidários. Assim ficam a cada momento, cada vez mais envolvidos em suas artes e artimanhas, fazendo com que as ações de governo sejam ainda piores.

É por isso que os nossos ícones da política e da justiça perdem a credibilidade. É este o motivo principal que faz com que fique cada vez mais difícil a governabilidade, ou seja, falta aos governantes, o interesse para conquistar o respaldo popular, e procurar executar com perfeição os projetos que visam dinamizar os itens básicos para que o povo tenha orgulho da sua terra e sinta-se protegido.

O que um militante ou governante eleito precisa saber é que a comentada evolução globalizada, não se restringe apenas aos eventos tecnológicos e das ciências, as alterações de comportamento, assim como as questões que tratam da educação, também devem chegar ao cidadão que, à medida que adquire conhecimentos atualizados e de primeira qualidade, se torna mais exigente e participativo.

As questões que foram tratadas nas páginas anteriores deste exemplar são temas incontestáveis do que a falta de cultura e as necessidades humanas podem provocar no meio social de cada povo.

Os militantes dos meios políticos sabem que essas questões são primordiais, as pessoas já mudaram bastante a maneira de analisar as questões políticas e a tendência é evoluir ainda mais. Mas as classes dominantes não se interessam em levar aos menos favorecidos à educação e os mecanismos legais para pôr fim às suas necessidades básicas, porque agindo dessa forma essas pessoas permanecerão sempre reféns de suas carências e permanecerão como o alvo principal para roteiros dos discursos das campanhas e a base perfeita para garantir a sua manutenção no poder, e é por isso que assim permanecerão agindo, pelo menos, até a fonte secar. E pelo que podemos observar ainda deve demorar algum tempo para que isso seja um fato, pois sabemos que as mudanças e as revoluções sociais acontecem, mas em um processo muito complicado que pode se alongar por décadas, ou até mesmo séculos, para que se tornem realidade.

Mas, não há dúvidas de que os avanços tecnológicos e científicos podem auxiliar a promover uma maior velocidade na evolução da mente humana, e assim provocar as mudanças necessárias, não apenas nos segmentos políticos, mas em todas as esferas da sociedade.

No passado as revoluções sociais eram promovidas através das armas e ao custo irreparável de vidas humanas, na maioria delas jovens, que em nome de uma causa enfrentavam qualquer inimigo, sem temer ao perigo e desafiando a própria morte.

Na atualidade os processos revolucionários acontecem nos campos das ideias, onde a criatividade do indivíduo dotado de inteligência explode em argumentos positivos necessários para a conquista de uma vida com maiores chances de transformarem sonhos em realidade.

A tecnologia e as ciências são os exemplos disso, pois a cada dia encanta o mundo com novos inventos e descobertas, e influindo diretamente na formação do cidadão, principalmente da juventude.

Os nobres senhores do universo político mundial, assim como as autoridades de uma forma geral, que não buscarem os mecanismos necessários para acompanhar e participar deste processo inevitável da vida humana, certamente serão aposentados e excluídos das esferas do poder, e jogados de forma merecida, na zona do esquecimento.

Afinal, os procedimentos hipócritas de alguns políticos, as roubalheiras nas esferas do poder, os atos ditatoriais, assim como a discriminação, arrogância e prepotência, são qualidades de cérebros ultrapassados que além de não terem respeito pelo próximo, também deixam evidente que são movidos pelos impulsos da ambição sem limites.

As cobranças simples e justas que o cidadão faz aos seus governantes são as seguintes: Educação, segurança, trabalho e saúde. Porém nada disso acontece satisfatoriamente.

Pergunta-se: O que fazer para que a educação Nacional tenha uma evolução dentro dos padrões desejados, ou que pelo menos se aproxime do ideal? A resposta é simples e de fácil entendimento. Além da vontade política para esta finalidade não existir, falta também o investimento para a preparação e remuneração dos mestres, que seja compatível com a realidade financeira e econômica do País e dessa forma os mesmos possam apresentar um nível de capacidade e tranquilidade, para que estejam aptos a corresponderem com as metas que são exigidas para época.

Mas como deveria se comportar o governo em relação à segurança? Este é um tema que nos moldes atuais torna-se cada vez mais complexo, portanto, precisa ser tratado de forma simplificada, mas com a seriedade absoluta que o tema suplica. Sabemos que em grandes cidades como São Paulo e Rio de Janeiro, por exemplo, a violência está apresentando números alarmantes de crimes de morte, assaltos e sequestros, e a cada dia que passa o controle das ações dos marginais fica ainda mais difícil. O povo que paga seus impostos cobra soluções urgentes e com justíssima razão.

Mas por que esse setor apresenta esse elevado grau de dificuldade impedindo que seja conduzido satisfatoriamente para que o cidadão que é o patrocinador de tudo possa estar em qualquer lugar livremente, sem o risco de ser molestado?

A resposta para essa indagação também é bastante simples, embora alguns indivíduos entendam que seja muito complexo, mas por uma questão de princípios e de coerência com os textos escritos nas páginas anteriores, afirmamos que falta vontade política e responsabilidade institucional, e de acordo com a nossa visão, se faz necessário apenas que o leitor conheça um pouco das malandragens das esferas políticas para que entenda com facilidade, ou seja, que a lei precisa ser aplicada com o rigor que a sua redação apresenta, e os governantes ofereçam as condições necessárias para que os responsáveis pelo setor possam oferecer a proteção que o cidadão merece. O que também se inclui salários compatíveis e outras vantagens, equipamentos de última geração, treinamento adequado e uma preparação psicológica diferenciada. O cidadão contribuinte precisa sentir-se protegido para que assim possa ter condições de se dedicar ao trabalho que lhe proporciona os dividendos necessários para a manutenção da família. Neste parágrafo fica evidente que não existe mágica para resolver o problema, apenas um trabalho sério seria o suficiente.

O mesmo acontece com a saúde, este setor necessita apenas de investimentos práticos e urgentes, tanto em tecnologia, quanto em pessoal. Mas para completar a obra, se espera que haja seriedade política e institucional, para que esse setor possa oferecer o que os patrões esperam, ou seja, um atendimento em níveis de primeiro mundo.

Portanto, se os governantes optarem pela criação de opções de emprego em vez de oferecer bolsas, auxílios e outras coisas do tipo, certamente estará contribuindo de forma inegável para o crescimento moral, educacional e econômico do cidadão. Pois o trabalhador não precisa de esmolas, mas, de opções legítimas que lhe ofereça uma evolução concreta.

Como podemos observar as questões de educação, segurança, trabalho e saúde, itens fundamentais para uma vida decente do cidadão, são de responsabilidade exclusiva do governo. Por isso afirmamos, chega de esmolas, seriedade é a solução.

CANALHOCRACIA

Ao acompanharmos a história política do Brasil veremos que, ao longo de nossa trajetória neste segmento, não temos o registro de bons governantes, pois desde a época em que, por aqui chegaram os invasores, e até aos dias atuais, assistimos ao mesmo espetáculo. Estamos nos referindo às manobras pérfidas das lideranças políticas, que insistem em ignorar as cobranças do povo no que diz respeito às gestões de péssima qualidade e da falta de caráter, e o cinismo dessas lideranças que buscam apenas o enriquecimento ilícito sem o mínimo de pudor. O que é ainda mais decepcionante é o descaso total no trato com a causa pública.

Por aqui já passaram imperadores, ditadores e presidentes eleitos pelo voto popular. Porém, no início do terceiro milênio o país afunda em um caos, nas mãos de indivíduos nomeados pelo sistema de urna eletrônica, instrumento computadorizado que não tem como ser comprovada a veracidade de seus resultados, tendo em vista o proceder duvidoso daqueles que comandam o processo eleitoral, assim como a insegurança do sistema informatizado de votação que apresenta um altíssimo grau de vulnerabilidade, pois tanto políticos quanto o povo que é o principal interessado, não têm certeza alguma se o seu voto foi contabilizado de forma correta para seu candidato, pois as armações ilimitadas promovidas por cérebros nefastos que se escondem debaixo das togas, associados à índole pérfida dos homens de colarinho branco que ocupam as esferas do poder, fazem espargir sobre as cabeças dos cidadãos, dúvidas cruciais.

A partir do ano 2002 assumiu o comando da nação um novo governo, que trazia na bagagem muita esperança para um povo trabalhador, pacífico e alegre que sempre desejou apenas ser feliz e próspero. Porém, essa euforia durou pouco, pois empresários e pessoas mais inteligentes começaram a observar que algo muito errado estava por vir e em longo prazo, em doses homeopáticas, e de forma sutil, para que a sociedade não sentisse o impacto imediato. O tempo foi passando e a suspeita se confirmou. Um pequeno grupo, que se instalou no poder, movidos pelo impulso mórbido de furtar o dinheiro público, começou a agir sorrateiramente, indivíduos sequiosos por adquirir fortunas ilícitas montaram um esquema quase perfeito, eram empresários e políticos do partido do governo e outros aliados que começaram a agir de forma devastadora como cupins em madeira.

Os integrantes do governo brasileiro que deveriam se comportar como defensores da lei e da ordem, e dedicarem-se inteiramente ao progresso da nação preferiram blindar aliados corruptos e compactuar com aqueles que praticavam ilícitos pessoais e contra a pátria. Com maioria absoluta na Câmara e no Senado, o governo contava também com o apoio dos onze ministros do STF-Supremo Tribunal Federal, pois a maioria deles foi indicada pelo próprio governo que colocou também no STE-Superior Tribunal Eleitoral, um cidadão que foi advogado do Partido do governo. Portanto, aqui urge a necessidade de algumas interrogações. Vejamos: Qual a independência desses poderes para votarem em um processo contra um governo que lhe beneficiou com uma oportunidade vitalícia? Alguém acredita que a honradez resistirá à subserviência e ao colorido das cédulas? É claro que não.

Como podemos observar temos aí uma blindagem coletiva quase perfeita, algo parecido com os três mosqueteiros, um por todos e todos por um, sendo que os mosqueteiros eram do bem, e foi assim que começou a instalação do novo sistema de governo no Brasil, a CANALHOCRACIA, acompanhe o nosso raciocínio e veja o quanto é deprimente a situação política do maior País da América do Sul. O governo, aliados e parceiros em negócios, promoviam todas as roubalheiras e atos de corrupção. Porém, de uma forma cínica, sempre afirmavam não saberem de nada. A chaga maldita da corrupção tornou-se uma epidemia Nacional, pois os vermes provocadores deste mal, a partir de Brasília, expandiram a praga por todo o País. Mas o que poderíamos esperar dos pérfidos membros do grupo dos CANALHOCRATAS?

Ao analisarmos a escalada dos escândalos veremos que o pérfido sistema CANALHOCRATA funcionou com voracidade. Tivemos denúncias de desvios do dinheiro público em vários setores, mas alguns ainda estão encobertos. Financiamento de obras para beneficiar outros países, enquanto o nosso povo passa privações no sertão nordestino. Depois surgiram vários casos, como mensalão e petrolão. O que é ainda mais grave, tudo isso acontecia na sala ao lado do chefe da Nação, mas ele afirma que não sabia de nada.

Isso é CANALHOCRACIA.

-O Brasil entrou para a história mundial por eleger para Pte. da República alguém que já foi preso por assaltar Bancos e cometer outros crimes.

-Tivemos um presidente que era pobre, metalúrgico e tinha um filho que era zelador de zoológico e que de uma hora para outra os dois ficaram bilionários.

-Temos um partido cujo líder na Câmara foi flagrado escondendo dólares na cueca.

-O governo incompetente comete o crime de responsabilidade fiscal e diz que não fez nada de errado.

-Os programas sociais mal administrados e os desvios do dinheiro público levando o País à falência.

-A Petrobras que ocupava a 13º posição no Ranking das grandes empresas no mundo, caiu para 439º, pois não resistiu aos desvios de recursos, incompetência administrativa e roubos realizados por aliados políticos e outros indicados do governo CANALHOCRATA.

O Brasil que até o ano de 2002 tinha respeito internacional virou motivo de piada, pois a saúde de péssima qualidade, assim como a educação classificada entre as piores do mundo e a criminalidade que aumenta a cada dia, faz da vida do seu cidadão um verdadeiro caos.

Isso é CANALHOCRACIA. O excremento produzido pelo sistema de urna eletrônica, e alimentado pelas esmolas concedidas pelo governo. O que chamam de "bolsas sociais". É Vergonha, Vergonha, Vergonha.

Se os governantes do Brasil fossem sérios, e o seu povo fosse politicamente alfabetizado, e não se vendessem por esmolas, certamente tudo seria bem diferente. Falamos isto porque o que aconteceu nesse País no período compreendido entre 2002 a 2015 foi algo extraordinariamente escandaloso, pois até o caráter do seu eleitor, ficou em dúvida. O governo espalhou bolsas e auxílios de toda ordem por todo território Nacional e o pobre povo brasileiro aceitou este engodo e entendeu como se isto fosse uma grande realização social.

O resultado não poderia ser diferente, diretores de empresas, políticos do cenário atual e antigos, sendo presos por corrupção, empresas falindo, desemprego aumentando, inflação, juros altíssimos e o prestígio político de seus governantes abaixo de zero.

O que é ainda mais deprimente é a falta de vergonha na cara dos artistas deste espetáculo de horror que a nação assiste, pois ainda insistem em lutar para provar o improvável e permanecerem no poder. Vergonha, Vergonha, Vergonha.

Isso é CANALHOCRACIA.

Diante dessa estrutura podre e vencida pelo tempo, ainda tivemos que suportar o cinismo político na formação de um tal governo de coalizão, ou seja, uma mistura de ideologias com objetivo de ganhar uma eleição a qualquer preço. Estava óbvio que um dia essa salada política iria complicar a vida do governante e da nação. Além disso, toda a plataforma de governo foi construída sob mentiras e promessas sem fundamento.

Para o povo em todas as camadas da sociedade, o governo CANALHOCRATA mais parecia um corpo doente infectado pelos tumores da corrupção, arrogância, prepotência, incompetência e etc.

A prática de crimes de responsabilidade, compromissos que foram assumidos e não cumpridos, o desemprego em escalada acima do normal, desrespeito às leis, inflação chegando a patamares elevadíssimos e milhares de empresas fechando as portas, fizeram com que os adversários e antigos aliados se juntassem de forma letal, sob o grito ensurdecedor que vinha das ruas clamando por justiça e mudanças urgentes.

Portanto, diante de tal cenário o inevitável aconteceu, o processo de impeachment do governo CANALHOCRATA. Um julgamento tenso com inúmeras apelações judiciais acabou por decretar a queda do governo por 61 votos a favor e apenas 20 votos contrários. Era o fim de um governo que levou o País ao profundo abismo econômico e moral.

Mas agora resta-nos apenas aguardar se a lição servirá de alerta para os próximos governantes, e se irão aprender que um povo unido, jamais será vencido. Esperamos também que este recado seja entendido por todos os militantes da política, das armas e da toga. O gigante acordou. Pelo menos isso serve de consolo para um patriota revoltado e quase desiludido. Mas, também queremos aqui deixar um lembrete: "- A sociedade está vigilante, pois sabe, que a escória pode voltar".

Sobre o Escritor

AUTOR: Agamenon Clemente de Morais
Nascido em 10 de março de 1957
Natural de Natal, Estado do Rio Grande do Norte

AGAMENON MORAIS como é conhecido entre seus colegas dos meios de comunicação, iniciou sua carreira no Rádio, como cronista esportivo, na Emissora de Educação Rural de Natal/RN. O seu trabalho Jornalístico teve sequência na Rádio Poty e depois na TV PONTA NEGRA, também de Natal/RN, onde exerceu as funções de apresentador e repórter de programas políticos e policiais. Depois teve uma longa trajetória por outros prefixos de Rádio e TV.

Atualmente reside no Estado do Rio de Janeiro, na cidade de Rio das Ostras e dedica-se a organização de suas obras literárias, produções jornalísticas e comerciais para TV e outros empreendimentos particulares.

Rio das Ostras, setembro de 2016